GROTTE DE LA BALME

EN DAUPHINÉ.

NOTRE-DAME
de la Grotte
de la Balme

GROTTE

DE LA BALME

EN DAUPHINÉ.

DESCRIPTIONS, NOTICES HISTORIQUES, TABLEAUX, CHAPELLES SUPERPOSÉES, ANTIQUITÉS LOCALES, EXCURSIONS, ETC.

PAR USMAR BONNAIRE.

« La curiosité veut voir, l'œil juge,
« le cœur sent, la mémoire raconte. »

VIENNE,

IMPRIMERIE ET LITHOGRAPHIE DE TIMON FRÈRES,

rue des Capucins, n° 5.

1856.

GROTTE DE LA BALME

EN DAUPHINÉ.

« La curiosité veut voir, l'œil juge,
« le cœur sent, la mémoire raconte. »

Le souffle du printemps appelle à la Balme les pèlerins, les touristes, les curieux de tous pays. Heureux d'avoir à leur offrir les merveilles d'une grotte unique au monde, nous allons montrer à leurs yeux la brillante restauration de l'un des plus anciens monuments de la France, peut-être même de l'Europe, ce que nous espérons prouver moins par des pages historiques que par l'inspection des lieux, par les pierres parlantes, témoins impassibles et véridiques d'une respectable antiquité.

Avant de tracer à grands traits le tableau que nous nous proposons d'esquisser, qu'il nous soit permis de déployer la toile pittoresque de cet antre fameux qui s'ouvre comme un arc gigantesque en face du Rhône, ce fleuve oriental, chemin qui marche et dirige le voyageur vers l'Égypte, prête à lever l'écluse de Suez et à rapprocher deux mondes que séparaient des milliers de lieues. Vous êtes en face :

« La voilà cette grotte ! Ici l'antre béant,
« Vaste concavité, dont l'aspect imposant
« Vous saisit, vous surprend, vous frappe, vous étonne.
« Ici point de piliers, ici point de colonne,
« Ici point d'architecte et de décorateur :
« Le doigt du Tout-Puissant s'est fait le créateur
« D'un arc babylonien de grandiose style,
« D'un palais de Titans au sombre péristyle. »

Il n'y a dans cette description rien d'exagéré ; on chercherait en vain une cathédrale de cette grandeur, avec des balcons de 90 pieds d'élévation. Aucune des grottes connues n'est comparable à celle de la Balme : serait-ce celle de Pausilippe, taillée dans le roc à une hauteur irrégulière de 30 à 60 pieds pour conduire à Baya ? Ou bien la grotte de Staffa, dans l'île du même nom, l'une des Hébrides, près de l'Écosse, dont la curiosité consiste dans ses immenses colonnes de basalte prismatique et cette régularité qui leur donne la ressemblance d'un monument d'architecture ? Serait-ce la grotte de Royat, près de Clermont (Puy-de-Dôme), laquelle n'a vraiment de remarquable que ses sources jaillissantes ? Les catacombes fumeuses de Saint-Pierre, aux portes de Maestricht, ne sont qu'un labyrinthe inextricable formé par la main de l'homme pour en extraire la pierre dont sont bâties les villes du nord. Malheur à qui perdrait son guide, ou dont le flambeau s'éteindrait dans ce terrible lieu de ténèbres et d'abîmes !

Le Mouchberg, l'Unterberg, près de Saltzbourg, ont des cavernes où l'on ne pénètre que difficilement, et dont les merveilles appartiennent au génie fantastique de l'Allemagne. Il y a bien aussi la caverne de Scheiklpoffen, à trois quarts de lieue du pont sur la Salza, entre Gotting et Werfin ; mais à peine y peut-on pénétrer à travers les broussailles.

Il faut, pour en finir avec la recherche des grottes renommées en Europe, citer la grotte d'Azur, concavité où pénètre la mer, dans les eaux de Naples, et seulement célèbre par l'aspect d'un soleil italique produisant un effet de lumière azurée.

Maintenant que la priorité de la merveilleuse grotte de la Balme est bien établie, il faut répondre à ceux qui vous demandent la cause de cette phénoménale création. « Interrogez la terre, elle vous répondra, » leur dirai-je; ce qui n'explique rien à ceux qui voudraient qu'on leur démontrât ce pourquoi du pourquoi. Ce serait ici le cas de faire de la science et de la théorie indéfinie, et vous dire...

« Comment s'est pu former dans le sein de la terre
« Cet antre merveilleux, asyle du mystère?
« Est-ce à l'embrasement d'un souterrain volcan,

« Aux flots impétueux de l'immense Océan,
« Qu'il faut attribuer ce caverneux refuge?
« De la création je ne me fais pas juge.
« N'imitons pas ici le géologue obtus,
« Dont se rit le Très-Haut, et qui serait confus
« Si, découvrant son sein, la féconde Nature
« De ses secrets ressorts nous montrait la structure.

Il faut cependant bien dire un mot à ceux qui prendraient pour une absence d'observation la négation de toute explication.

Sans remonter au déluge, je lis dans les Psaumes de David ces paroles géologiques :

« La terre a tremblé, elle a vacillé comme un « homme ivre ; elle a mis à nu ses fondements. »

Eh bien ! la découverte de la grotte de Ribérac, en 1853, dans les Pyrénées, a fait croire aux savants que cette grotte était le produit des boursouflures produites par une commotion terrestre (1). Azaïs, dans son livre *des Compensations*, exprime la même opinion. Enfin, un travail récent de Jules Tharmann, professeur de géologie à Porentrui, attribue à des soulèvements la formation des montagnes du Jura. Or, il est évident que les commotions terrestres produisent trois effets : des déchirements, des

(1) Voir *le Pays*, du 4 octobre 1853. — Récemment, en Suisse, des lacs se sont formés, comme, en 1783, s'en sont formés d'autres dans les plaines de Rossano (Calabre), dans le tremblement de 1783.

affaissements, des soulèvements, et *que, lorsque la terre tremble, elle met à nu ses fondements.* Le monde est vieux ; rien n'est nouveau. Je m'en tiens, pour mon compte, à la démonstration biblique du Roi chantre et prophète, et voilà comment on peut raisonnablement croire que la grotte de la Balme est l'effet d'un cataclysme semblable à ceux qui se produisent de nos jours.

Introduits sous le majestueux cintre de ce monument extrait des entrailles de la terre, contemplons-en la splendeur indescriptible, avec ses balcons, auxquels on n'arrive qu'en parcourant les voûtes souterraines de ce mystérieux labyrinthe ; contemplons, au soleil couchant, les effets de lumière, les reflets de couleurs variées que produisent les rayons de l'astre du jour avant de quitter l'horizon ; puis enfonçons-nous, à la clarté des flambeaux, dans un nouveau dédale, où l'on s'égarerait, où l'on se perdrait sans guide.

« Dédale caverneux, où tout étonne, éveille,
« Et fait, à chaque pas, surgir une merveille.
« Dans cet intérieur quel chaos monstrueux
« De formes et d'aspects et d'accidents heureux !
« Sites, concavités, incroyables images,
« Sombres décorations, fantastiques mirages,
« Surprise à chaque pas, qui vous rend haletant,
« Souterrain sur lequel on navigue en rampant.
« La grotte de la Balme, asile du mystère,
« A-t-elle sa rivale en d'autres lieux sur terre?

« Antre cyclopéen, à nul autre pareil.
« Parcourez l'univers, cherchez sous le soleil
« Un but plus séduisant pour une excursion,
« Un tableau plus frappant, plus riche d'émotion!... »

Cette description peut paraître vague, mais la plume a son insuffisance et demande secours au pinceau.

« Pour peindre les attraits de la belle nature,
« Un seul coup d'œil souvent vaut un an de lecture (1).

Ce secours du pinceau, la Balme vient de l'obtenir d'un artiste érudit, d'un peintre distingué, M. Rey, à qui la ville de Vienne doit, avec beaucoup d'autres services, la reproduction de ses monuments; il a, par ses travaux, perpétué le souvenir des magnificences du monde romain, dont cette ville offre encore tant de précieux vestiges. M. Rey a bien voulu tracer l'itinéraire souterrain de la Grotte, et dessiner la configuration des curiosités naturelles qui y sont trop peu connues. Cet artiste a promis de représenter le profil de la chapelle restaurée. Son album gravera dans le souvenir des visiteurs les images variées que la nature recèle dans son sein. Elle n'a, sans doute, déplié à la Balme qu'un faible coin de son voile; mais sous ce coin quel saisissant intérêt! On cite les roches bizarres de la forêt de Fon-

(1) Ce dernier vers est de l'abbé Delille.

tainebleau, et les côtes de la Nouvelle-Zélande offrent une série de pétrifications dont l'aspect représente une suite d'arcades et de pyramides : eh bien ! ces merveilles ne sont pas à comparer à la grotte de la Balme, devant laquelle la Fontaine de Vaucluse n'aurait qu'un faible attrait sans le souvenir de l'amour de Laure et du poëte si cher à l'Italie.

Tout ce que nous pouvons sommairement dire ici des curiosités intérieures de la Grotte se borne à l'énumération très-rapide des pittoresques créations que recèle le globe, dont l'homme, dans ses plus profondes excavations, n'a pu, ne pourra jamais qu'effleurer l'épiderme.

Quelle sensation naturelle éprouvons-nous dans les entrailles de la terre, cet astre entre les autres astres qui roulent dans l'immensité des mondes? L'âme alors se replie sur elle-même; en face des éléments confus de la création intérieure, de son travail occulte, dans la plus profonde obscurité, l'âme s'impressionne, l'esprit s'élève, la pensée s'allume et se dit : tout passera, tout périra; le monde visible peut disparaître au moindre souffle du Créateur; mais moi, moi, je le sens, je vis dans l'éternité, et des entrailles de la terre mon âme s'élance, vole, arrive, sur ses propres ailes, au mystérieux, à l'éblouissant principe de son être par un retour certain de l'infiniment petit à l'infiniment grand, dont émane l'humaine existence!

Par un réveil subit jetons maintenant un coup d'œil d'ensemble sur les merveilles, les surprises qu'offre ce chaos intérieur de la grotte mystérieuse, dans laquelle on n'entre pas sans éprouver quelque chose qui tient de la crainte et du désir de voir.

Qu'on ne s'attende pas ici à des descriptions stupéfiantes, à des images, à des phrases ampoulées, à ces admirations factices et de mauvais goût qui refroidissent surtout les curieux et les voyageurs. Il semblerait qu'il vaut mieux laisser à chacun sa propre sensation : tous les yeux ne voient pas un même objet sous un semblable aspect. Le goût personnel, les dispositions dans lesquelles on se trouve modifient singulièrement le goût et les impressions. Un même peintre, un même dessinateur ne rendront jamais un même paysage sans variété de forme et de couleur.

La grotte intérieure, dirons-nous, est une espèce de labyrinthe de curieuses sinuosités, offrant, à chaque pas, des surprises, des sujets d'un étonnement réel, et que nous garderons bien ici d'amplifier en style d'affiches ou de réclames. On y voit d'éblouissantes cristallisations, un amphithéâtre de bassins, dont les eaux jaillissent en petites cascades, et que l'on compare à une série de bénitiers. On admire justement une fontaine, d'une grandiose circonférence; on parcourt un labyrinthe sinueux, avec des excavations et des fissures, variées de blanches stalactites. Par l'un des embranchements on arrive à des balcons d'une hauteur d'environ 30 mètres, avec jour sous cette merveilleuse coupole. Temple majestueux et magique, oserai-je dire qu'il est le premier sanctuaire que la création semble avoir ouvert dans les flancs des Alpes à l'adoration de l'homme qui se réfugie en Dieu! De cette exclamation qui m'échappe, je retombe dans la sommaire description de la caverne intérieure, où l'on voit encore, avec d'autres accidents surprenants, une stalagmite de trois pieds de hauteur, dont la fantaisie a fait un capucin, à raison de certaine forme de quelque chose qui ressemble à une robe blanche, avec une forme de tête et un capuchon. J'arrive enfin au lac, à l'un de ses réservoirs précieux, où les pluies et la neige filtrent et conservent l'eau que le soleil pompe, et que les vents nous rendent par ce merveilleux mouvement d'éternelle rotation imprimé par la toute-puissante main de celui qui a créé, conserve et dispose de tout dans sa sagesse. D'une description incomplète, comme toutes les descriptions de cette nature, nous tombons dans l'histoire. Ce lac, les chroniques du moyen âge le signalaient comme un magique, inabordable et inexplorable lieu. Le roi chevalier, François Ier, pendant son séjour au Pont-d'Ain, à la cour de Savoie, vient à la Balme, et veut qu'en sa présence on explore cette mystérieuse nappe d'eau:

« Je promets, nous dit l'exact Mézeray, à deux

« criminels de leur faire grâce s'ils consentent à « s'aventurer sur ces eaux inconnues pour en dé« couvrir la fin ; ce qu'ils firent au moyen d'un « petit batelet. Au retour de leur exploration, le « récit de leurs dangers fut tellement effrayant, que « le prestige de la terreur qu'inspirait ce lac mys« tique, ténébreux, enchanté, se prolongea pen« dant près de trois cents ans. »

Un seigneur de ce pays, M. le marquis de la Poype, dont on voit encore l'ancien château au village de Hyères, à quelques kilomètres de la Balme, fit, en 1780, une excursion sur ce lac. Une nouvelle excursion est relatée dans le *Journal de Lyon* (1784).

Un savant, un homme de cœur, M. Boury aîné, ancien président du Consistoire à Lyon, voulut savoir à fond le secret de ce ténébreux réceptacle d'eaux souterraines. Avec une simple échelle, sa montre, une sonde, un thermomètre, un briquet et la carte hydrographique du lac, tracée par le souvenir de M. de la Poype, cet Argonaute sans boussole s'abandonne à l'humide élément, et va sonder le terrifiant mystère de la création, un épouvantail traditionnel qui devait devenir une promenade aquatique où les Corines de notre époque font retentir quelque barcarolle romantique. Rien de plus touchant, de plus élégamment narré que le récit de cette exploration :

« La fraîcheur de l'eau, dit-il, la pureté de l'air,

« l'extraordinaire de ma situation, tout portait mon « âme à l'exaltation. Je tombai insensiblement dans « une sorte d'extase, j'oubliai le but de mon expé- « dition, je sortis de l'eau pour m'asseoir sur la « saillie d'un rocher qui forme une étroite pres- « qu'île, et je m'abandonnai à la méditation. »

Oui, la solitude absolue sur les monts escarpés, dans le sein ombrageux des sombres forêts, en face des cascades jaillissantes, et, surtout, dans les entrailles de la terre, détermine une concentration de l'homme sur lui-même, dégage l'âme de ses chaînes corporelles et l'initie aux pures, aux éternelles joies de l'éternité (1).

« J'oubliai le monde — poursuit notre intéressant explorateur — pour lui dire comme un éter- « nel adieu; une montagne m'interceptait la lumière « du ciel; je ne respirais plus un air commun à « tous les humains; j'habitais une autre sphère. « Quelquefois je croyais aussi que la voûte, s'affais- « sant, allait m'abîmer sous ses ruines, ou qu'une « masse d'eau, m'élevant jusqu'à elle, allait m'en- « sevelir dans son sein. »

Toujours l'inconnu frappe, effraie.

« Cependant — continue l'émouvant narrateur — « je ne sais par quelle espèce de charme ces pensées, « si propres à pénétrer de terreur, ne m'effrayèrent

(1) In factis manuum tuarum meditabor.

« point; elles furent absorbées par un vif sentiment « d'admiration des merveilles que j'avais sous les « yeux, et me reportèrent à leur divin auteur : mon « cœur, agité, crut le voir, le sentir, et, dans un « enthousiasme que je n'éprouvai que là, je fis re- « tentir la rotonde où j'étais par le chant d'une ode « du grand Rousseau, et dont la belle musique, « composée par mon père, répondait si bien à l'exal- « tation de ma pensée. »

On nous saura certainement gré de cette citation, d'un modèle de style où la simplicité s'allie si bien à la situation de l'explorateur du lac de la Grotte et à l'expression des sentiments que réveillent les abîmes de la terre entr'ouverte pour instruire l'homme et le ramener à Dieu par ses œuvres.

En quittant ce séjour souterrain et le féerique spectacle qu'il offre, aux flambeaux, aux éclairs des fusées, des feux magiques de la pyrotechnie, soufflons, éteignons ces feux, et que les ténèbres se fassent. La scène change : sans nous écarter de la vérité et sans déplacement de lieux, nous retombons dans le moyen âge, dans les spectres, les esprits, les farfadets, les nains, les géants, les Titans et les diables, avec toutes les illusions qu'inspirent la superstition et la crainte; nous retrouvons spécialement à la Balme un malin et facétieux esprit, qui prenait toutes les formes, hors celle de l'âne, parce qu'il avait servi de monture à l'enfant Jésus. Voilà, confessons-le, un diable bien respectueux! Comment se fait-il que le romantisme moderne n'ait pas placé dans la Grotte quelque chose comme les terribles *Mystères d'Udolphe,* la *Chemise sanglante,* le *Vampire* et autres *horripilantes* créations

« Dont les auteurs féconds, au courant de la plume,
« Accouchent, chaque mois, d'un effrayant volume. »

Sous le point de vue artistique, la Grotte caverneuse, avec sa nef grandiose, offre des scènes toutes préparées pour le peintre, pour le poëte, je dis même pour l'historien. Sans effort d'imagination on trouve dans cet ensemble un théâtre pour les *Mystères d'Isis,* pour des scènes de *Robert-le-Diable,* un champ précieux pour les imitations de la franc-maçonnerie. Milton, le sublime Milton, s'il l'eût connue, n'eût pas hésité de placer dans cet antre les anges révoltés, haletants sous les débris de leur téméraire escalade. Le Dante eût choisi cette partie du souterrain, où le jour finit et où commence l'épaisseur de l'ombre, pour le séjour de ces âmes tièdes, sans vertus et sans vices, sans haine comme sans amour, que, suivant la haute pensée d'un grand poëte, grand surtout par sa haute raison, le ciel ne peut récompenser, et que dédaigneraient les damnés; espèce mixte, terne, qui se croit sage, et qui n'est que nulle :

Gens tremblotants, sans foi, qui cherchent le milieu,
Se balançant en l'air, entre le Ciel et Dieu.

Imaginez maintenant une correspondance mystérieuse entre la surface de la terre et la Grotte, et vous aurez à votre disposition une série de merveilles bien plus vraisemblables que les romans historiques, dont les héros ne se reconnaîtraient pas eux-mêmes. Quant au lac, il n'a manqué à Walter Scott que celui de la Grotte pour y trouver des combinaisons et des rapprochements naturels, dont seul il eut le secret. Supposons, un instant, qu'un peintre, un musicien, veulent nous représenter l'avant-scène du jugement dernier : qu'ils viennent à la Balme, en s'inspirant du premier plan du fameux tableau de Michel-Ange, qu'ils lisent le *Dies iræ* de notre église catholique, et de toutes les concavités de la Grotte se réveilleront, se reformeront, ressusciteront les trépassés :

« Alors que, soulevant leur sombre sépulture,
« On les verra surgir, reformer leur figure,
« De stupeur interdite épouvantant la Mort
« Qui les voit échapper, reprendre leur essor (1).

Est-ce là le dernier spectacle que puisse offrir la Grotte sans rien exagérer, sans sortir de la situation des lieux ? Certes, non : on cherche de nouvelles combinaisons musicales, on imagine des concerts monstres — c'est le mot usité — pour affriander son

(1) Mors stupebit et natura
Cùm resurget creatura.

public. Eh bien! j'offre à l'entrepreneur, en me réservant une place gratis, le programme d'une symphonie à fendre les rochers, à raviver les plus blasés, à faire pâmer les femmes qui ont perdu le sentiment en abusant des sensations. Ma combinaison, la voici:

Quand les eaux du ruisseau intérieur débordent dans la majestueuse nef et font mugir les échos, je place dans toutes les ouvertures de la grotte intérieure des trompettes de sept lieues, ces saxophones, qu'à l'exposition la reine d'Angleterre prenait spirituellement pour une commande en vue du jugement dernier. Avec ces trompettes et des tam-tams placés dans la grotte intérieure, et, pour marquer la mesure, des pétards, pour faire les points d'orgue, des bombes d'artifice, je surpasse, dans ma faible imaginative, certain prince d'Allemagne qui, dans un concert satanique, employait le canon pour accompagnement. Et, attendu que le vulgaire aime les surprises, les brusques transitions du grave au doux, une musique harmonieuse, tirée de la flûte enchantée de Mozart, succède au premier tintamarre; enfin, pour bouquet, redoublement, un *tutti* de saxophones, tam-tams, pétards et bombes, qui se tairaient subitement à l'apparition d'une pyramide couverte d'un drap mortuaire, qu'on découvrirait à une dernière bordée de musique infernale. Alors apparaîtrait... Quoi? Une collection effrayante de crânes grimaçant... Stupéfaction! tremblements, attaques de nerfs lorsque la Mort viendrait, une mèche à la main, mettre le feu aux crânes, qui éclatent et font jaillir toutes les merveilles les plus gracieuses que puisse inventer le talent de l'artificier.

Les visiteurs de la Grotte, pour lesquels nous écrivons, dans l'intérêt de la commune, seront indulgents pour le tableau fantastique dont se lècheraient les doigts les spectateurs des boulevards du crime. Peut-être quelques artistes, que nous appelons de tous nos vœux, trouveront-ils dans ces idées le motif le *primo pensière* de quelques-uns de ces dessins qui sont la gloire et l'illustration du génie français. Alors le but serait rempli : la Balme acquerrait sa juste célébrité, la fortune communale serait faite, et le tronc de la chapelle, si mon *livret* se vendait, s'enrichirait des faibles profits auxquels renonce d'avance un obscur écrivain, qu'étonnerait un succès d'argent qu'il n'a jamais recherché.

Un tableau plus sérieux nous attend, et c'est l'histoire à la main que va s'ouvrir, toujours sous cette Grotte mémorable, une scène religieuse, grandiose, pittoresque, sujet de méditation pour le cœur et de souvenir pour l'esprit, un objet de contemplation pour l'homme réfléchi, une excitation pour l'artiste, et pour le poëte ce sentiment émouvant qui le poursuit, l'oppresse jusqu'au moment heureux où, sans effort, la plume donne un naturel essor à l'enfantement d'une âme véritablement inspirée.

Comme tous les sites remarquables, la Balme a reçu de la nature son cachet, son mot, sa destinée dans sa mystérieuse grotte. Un mot caractérise cette merveilleuse création : ce mot est *religiosité*.

« Qui cherche l'infini s'éloigne de tout bruit ;
« Sur les monts escarpés il va rôder, il fuit,
« Il veut se recueillir, il cherche le silence,
« Et moins il voit le jour, plus son esprit s'élance.
« Pour mieux sentir il faut de sympathiques lieux,
« Que rien ne s'interpose entre l'homme et les cieux.
« Dans la création, dont l'œuvre est infinie,
« Fleuves, montagnes, mers, ont, chacun, leur génie,
« Et la Grotte, en ses flancs, en sa concavité,
« Fait lire à tous ces mots : *Culte, divinité.* »

Pèlerins, étrangers, touristes, qui venez à la Balme, suivez-moi sur le nouveau théâtre que je vais dresser sous vos yeux, théâtre historique, où vous assisterez à une scène émouvante du patriotisme gaulois. Notons bien que nous sommes ici sur la terre des Allobroges, race guerrière, que formaient, instruisaient, dirigeaient, gouvernaient les druides et leurs bandes, inspirateurs des guerriers et *chantres des devoirs et des vertus*. La Grotte est le temple mystique qu'affectionnait un culte qui recherchait les sombres lieux, les roches abruptes et la solitude des forêts. Qu'il me soit permis de suspendre un instant la marche de mes descriptions pour justifier nos immortels aïeux, que l'ignorance ou la mauvaise foi nous peignent comme des esclaves abrutis sous un joug sacerdotal immolateur de victimes humaines. Que, s'il vous arrivait de compulser l'album de la Grotte, ce recueil, ce chaos d'inspirations, d'aspirations, d'exclamations emphatiques, entre lesquelles on rencontre quelques belles pensées, purement exprimées, à travers un océan de de sottises, gardez-vous de vous laisser tromper par une tirade de vers, dans laquelle l'auteur rappelle...

« . . . . la pierre des autels,
« Où le prêtre gaulois immolait des mortels
« *Au cruel Teutatès.* »

Il y a vraiment là de quoi frémir : *cruel Teutatès*... l'épithète est tirée d'une autre tirade de la *Henriade* de Voltaire sur le fanatisme. Or, pour entendre les choses, il faut connaître les mots qui en sont le signe. Teutatès vient de *thot-atha*, qui veut dire bon père (1). N'est-ce pas un devoir patriotique de réhabiliter ici le culte le plus pur de l'antiquité, la religion de nos ancêtres Gaulois, ce grand peuple, dont la capacité, la force et le courage auraient soumis le monde si l'unité eût resserré les liens de leurs

(1) *Ot*, *godt*, *thot*, signifie ce qui porte bonheur, ce qui donne du succès. *Atha* veut dire père. Cette signification existe encore chez les Frisons. Du mot *ot* vient celui de *loterie*, *gain* On dit encore en hollandais : *Het zalniet atten* : cela ne réussira pas. En général, *thot* n'est autre chose que le bon par excellence, le souverain bonheur.

tribus. C'est au sang gaulois qui coule dans nos veines que nous devons notre gloire, fortune de la France,

« Dont l'immortel honneur, la juste renommée
« Vient de se retremper aux champs de la Crimée. »

Et cette immolation du cruel Teutatès des mortels, était-ce une fantaisie sacerdotale, un passe-temps druidique? Gardez-vous de le croire : le druide avait le gouvernement; il était chargé du maintien de l'ordre, qui veut la répression, et la répression veut l'expiation. Avec ce principe, les druides étaient des juges compétents; avec l'affreux *Teutatès* de Voltaire et de son répétiteur ignorant, le jury moderne et les cours d'assises sont d'infâmes collections de *Teutatès*.

Autre sottise de l'album rimé, qui nous dicte ces réfutations nécessaires à la vérité historique : le *Gaulois converti* aurait, dit-il, offert son encens aux dieux mythologiques; renégat, il aurait abjuré le *bon père, thot atha,* pour adorer les personnifications des passions humaines, oubliant ce précepte druidique de la plus haute moralité : « Dans tout ce que tu fais *agis avec Dieu.* » Il aurait, Gaulois sans honneur, honoré ce que ses persécuteurs romains méprisaient : témoin cette haute répudiation du paganisme par un de ses pontifes, Cicéron, qui a dit, en parlant de son propre culte : « ils ont donné aux

« dieux les passions humaines; que ne nous ont-ils « inspiré les divines vérités ? » (1)

Et qui aurait cherché à convertir les Gaulois ? Seraient-ce les Romains, eux complétement indifférents aux cultes des peuples asservis, pourvu qu'ils obéissent (2)? Jamais le Romain sceptique ne fit de propagande ; tous les cultes lui étaient indifférents ; son Panthéon était ouvert à toutes les idéologies religieuses; et, pour ne rien oublier et rallier ce pêle-mêle de croyances, il y avait un autel réservé aux dieux inconnus. Quel pêle-mêle!

Il n'est pas impossible que le culte gaulois, en se corrompant, n'ait admis les emblèmes mythologiques, tels que Mercure et Diane chasseresse, emblèmes du commerce et de la protection des silencieuses forêts, si chères à nos aïeux. Concluons ici en leur honneur qu'ils n'ont pas été infidèles à leurs traditions nationales. Longtemps après la conquête et l'établissement du christianisme, la druidesse de Tongres prédisait l'empire à Dioclétien, et, plus tard, le gouvernement interdisait le collége des prêtresses gauloises du Mont-Saint-Michel, ce pittoresque rocher que baignent les eaux de l'Océan.

Devais-je, avant d'introduire les visiteurs sous la grotte de la Balme, considérée comme un temple

(1) *Humana ad Deos transtulerunt, mallem divina ad nos.*

(2) *Parcere subjectis et debellare superbos.*

(Maxime du Sénat.)

gaulois, ne pas réintégrer, honorer notre origine et la source des qualités chevaleresques, ce beau type de notre distinction entre les peuples? (1)

La scène va s'ouvrir : Vercingétorix, le dernier des Gaulois, comme Kociusko fut le dernier des Polonais, a juré de s'opposer à l'invasion de César; les colléges des druides sont convoqués; les bardes ont entonné leurs chants de guerre :

« Fils de Brennus, guerre, guerre, guerre au Romain;
« Son indomptable orgueil n'a rien qui soit humain! »

Les prêtres, en solonnel cortége, sont allés avec leurs ciseaux d'or cueillir le gui sacré dans la forêt de Serverin; ils descendent les roches balmoises, dont l'aspect imposant se voit des hauteurs de Lyon; la jeunesse allobroge de toute la contrée les attend sous les voûtes majestueuses où sont placées des estrades superposées; une corbeille, ornée d'une couronne de chêne vert, est placée devant un trépied; les prêtres ont pris place dans leur enceinte réservée, et les bardes, en chœur, ont répété leur appel aux armes. A leur chant succède une douce, une gracieuse harmonie, pour annoncer la présence des prêtresses, à la tête desquelles apparaît la blonde

(1) Rien ne s'efface plus difficilement qu'une religiosité nationale. Des traces du druidisme ne sont pas encore éteintes, ni en Bretagne, ni dans certaines montagnes du Jura, où l'on vénère encore certaines pierres, *placées en de sombres lieux.*

Velléda, dont la somptueuse beauté fixe les yeux, captive tous les cœurs. Sur un signe du pontife elle a pris place sur son trépied prophétique. Son teint s'anime, sans altérer la sérénité de ses traits ; elle s'inspire ; par un mouvement insensible elle s'anime, elle va parler. Silence solennel, sa bouche s'ouvre, Velléda parle :

« Gaulois, fils de Brennus, guerre, éternelle guerre !
« Allons du Capitole éteindre le tonnerre.
« Le Capitole... horreur ! C'est là que le Sénat
« Proclame impudemment sa maxime d'état :
« *Qui ne se soumet pas est un peuple rebelle,*
« *Est un peuple ennemi, est un peuple infidèle.*
« Vous le savez, Gaulois, on nous montre des fers.
« Eh quoi ! des fers à nous ! Romains, fils des enfers,
« Peuple avide et cruel, et cité corrompue,
« De l'Afrique, de l'Asie n'est-elle point repue?
« Leur faut-il donc le monde à ces usurpateurs
« Pour nourrir des lions et des gladiateurs ?
« Vos femmes et vos sœurs seront-elles Romaines?
« Sans pitié, sans pudeur, dans le cirque inhumaines ?
« Veulent-ils nous donner leurs dieux de chair et d'os,
« Et nous exterminer pour avoir le repos !... »

Nous le demandons aux visiteurs qui veulent bien lire cette esquisse, si cette situation dramatique, placée sur le terrain de l'histoire, n'est pas conforme à la vérité, à la raison des choses telles que le sentiment nous les révèle? Nous demandons à qui voudra bien l'entendre s'il existe ailleurs un site, un concours de faits, où l'on puisse, sans rien forcer, offrir et animer un tel tableau?

La scène n'a point changé: la Grotte est telle qu'elle fut dès son origine, et, quant aux sentiments religieux et patriotiques, ils n'ont certainement rien d'exagéré dans la situation où la Gaule, aux abois, se trouvait à l'arrivée de César.

Quant à la corbeille que nous plaçons au milieu de la nef, là où sont déposées quelques antiquités locales, il est bon de rappeler que, pour exciter les jeunes Gaulois, on leur distribuait des anneaux de fer, symbole d'un religieux engagement, qu'ils ne devaient quitter qu'après avoir tué un Romain. La chevalerie du moyen âge prenait de pareils engagements, appelés *emprises*. Le *Don Quichotte* de l'immortel Cervantes met en scène un burlesque chevalier, tout cerclé de ces signes d'un devoir, d'une foi promise, et malheur à celui, à ceux qui manquent à ces témoins muets des serments! Que de bagues, que de médailles religieusement offertes et religieusement acceptées feraient rougir et jaillir le sang des félons, des discourtois, si quelque enchanteur donnait à ces emprises le pouvoir de peindre la *foi mentie*, pour nous servir des expressions chevaleresques d'une institution d'honneur, dont l'origine, soyons fiers d'y penser, remonte à nos aïeux gaulois, à leur culte druidique, dont la grotte de la Balme est probablement le seul temple inaltéré qu'ait transmis la succession des siècles.

Tirons le rideau sur le druidisme, cet émouvant accessoire du tableau de la Grotte, et portons les yeux sur les chapelles adossées à la roche vive, et collées comme un nid d'hirondelle aux parois de ce grand temple de la nature dans sa primitive origine. Où trouver une construction d'un tel aspect? Dabord le roc pour première fondation, et sur ce roc on a bâti une crypte, une petite chapelle, offrant sa voûte pour support à la chapelle supérieure : construction hardie que soutiennent des contre-forts dont le principal offre l'aspect d'un bastion, à plus de quarante pieds d'élévation, et sur lequel est une terrasse dont l'aspect sera plus tard rappelé dans le tableau nouveau que nous nous proposons de mettre sous les yeux de nombreux spectateurs. Quelle est l'origine de ce monument unique? Première question de tout investigateur jaloux de se bien pénétrer des réalités, des beautés historiques et archéologiques de la Balme. On répond qu'il y a ici, vraisemblablement, superposition de plusieurs monuments créés, détruits, rebâtis les uns sur les autres. Ceci nous oblige de remonter bien haut dans l'antiquité. Les druides avaient des autels : quels furent-ils, où furent-ils à la Balme? Probablement dans les concavités, au milieu des roches sur lesquelles furent bâties les chapelles ; et quel que soit ce monument originaire, quel fut son destin? Druidique ou payen, quand se fit entendre cette apostolique, cette bonne et divine nouvelle:

« Vous n'avez qu'un seul père qui est aux cieux;
« il n'y aura plus d'esclaves, plus de Grecs, de
« Romains, de Gaulois : vous êtes tous frères; ai-
« mez-vous entre vous; croyez, espérez; le bien que
« vous ferez sera le prix d'éternelles récompenses;
« Gaulois, Allobroges, hommes de cœur, unissez-
« vous en Jésus-Christ et vous serez sauvés. »

Qu'arriva-t-il alors dans ces contrées? Les eaux mystérieuses de la Grotte devinrent celles du baptême, et le ruisseau que vous voyez serpenter dans les vertes prairies fut le nouveau Jourdain dont la source coulait des entrailles des Alpes Dauphinoises, et la croix fut plantée sur le temple souterrain (1). Ainsi, dans l'ordre logique des faits et des antécédents historiques les plus incontestables, on peut hardiment penser que ce fut sous la Grotte que s'arbora, dans cette partie de la France, le signe du salut, l'emblème de l'unité des hommes confondus en une même foi. Quels lieux plus dignes d'un intérêt vrai que ceux que je me plais à décrire pour fixer l'attention, toucher le cœur, nourrir la mémoire à ceux que ma voix appelle au lieu privilégié, au lieu où l'on marche, où l'on s'asseoit sur l'histoire en action, sur l'histoire écrite et parlante aux

(1) Toujours, partout le culte nouveau s'intronise sur le temple du culte vaincu : la croix sur le croissant, le croissant sur la croix.

yeux par des monuments irrécusables! Poursuivons.

Le vent brûlant du Sahra devait, au VIIe siècle, avec le fanatisme d'un imposteur, faire tomber le premier signe de la Rédemption. Animé, comme il disait du vin de la fureur, et portant son droit écrit sur la lame de son sabre, l'Arabe destructeur, qui ravagea Lyon et s'avança jusqu'à Sens, n'a pas épargné le temple chrétien de la Balme. En détruisant le signe public, changea-t-il la croyance? Oh non! La France demeura fidèle à la foi de Clovis :

« Sans les généreux Francs, toujours sauveurs du monde,
« L'Europe eût pu subir un despotisme immonde.
« Peut-être... Je ne peux y penser sans frémir...
« Gauloise, femme Franque, auriez-vous dû subir
« Le plus sanglant outrage, un cachet d'infamie,
« Les fers de l'esclavage et la polygamie!
« Un Arabe aurait dit: cette femme est à moi,
« Je l'achète et la vends... c'est ma suprême loi.
« O divine Marie! une pareille injure,
« En France, aurait osé souillé votre nature,
« Dans la France où mon œil cherche encore un autel,
« Un monument, un temple au grand Charles-Martel! »

Voilà déjà un fait, un évènement qui, toujours, sous cette imposante scène de la Grotte, nous ramène au culte de la mère de Dieu, notre père, et fille de son fils, comme a dit le Dante.

Nous arrivons à la fin du VIIe siècle, sous le règne de Charlemagne, restaurateur des monuments catholiques, qu'il faisait spécialement inspecter par ses hauts commissaires, *missi dominici*, lui qui, suivant l'expression de Montesquieu, sut mieux que rédiger des ordonnances, en tenant la main à leur exécution. Charlemagne, n'en doutons pas, qui fit réparer l'église actuelle de Saint-Vulbas, à une lieue de la Balme (1), n'aura pas négligé la chapelle de la Grotte, et Roland, son compagnon d'armes, Roland qui avait élevé près de Dôle une chapelle dont les vestiges sont toujours visités, honorés, n'aurait-il pas eu mission d'inspecter celle de la Balme?

« Lui qui s'intitulait chevalier de la Vierge,
« Dans son temple il offrait ses vœux avec son cierge.
« Modeste chevalier, discret, religieux,
« Sous sa rude enveloppe il était doux, pieux.
« Sa parole jamais ne se fût démentie;
« Dût-il souffrir la mort, elle était garantie.
« Sa devise était simple: *Une dame à servir*,
« *Le faible à protéger, le ciel à conquérir.* »

N'est-on pas heureux de s'imaginer que ce héros éperonné, bardé de fer, a dû monter les escaliers de la chapelle, et que, plus tard, Bayard, le *Roi des Courtois*, l'*Empereur des Preux*, la *Gloire du Dauphiné*, a marché sur ses traces, et que, peut-être, escortait-il François Ier dans la souterraine excursion où le lac mystérieux fut exploré pour la première fois.

(1) Une quittance probable de ce fait existe aux archives de l'archevêché à Lyon.

Mais quelle forme avait la chapelle qui fut restaurée après la défaite des Sarrasins ? Il n'en est plus de traces, mais en voyant les fragments employés dans le monument actuel, du commencement du XIIe siècle, on est autorisé à penser que cette forme était celle d'un édicule, d'un petit temple romain. Maîtres du pays, ils y ont naturellement introduit leur culte ; ce qui ne prouve pas plus que les Gaulois avaient changé de croyance, que ne le ferait l'érection d'une mosquée dans la ville de Rome. Ce qui rendrait cette opinion vraisemblable, c'est l'emploi, pour l'abside de la chapelle actuelle, de colonnettes d'un style antérieur à cette époque, mais dont les proportions s'adaptent bien à ce monument, dont l'exacte description appartient à M. Victor Teste, archéologue érudit, écrivain nerveux et correct, qui a bien voulu, dès l'année 1851, venir inspecter les chapelles, leur imprimer le cachet scientifique de l'histoire et de l'art. Par d'autres travaux secondaires M. Teste a bien voulu rechercher, exhumer les antiquités de la Balme, aujourd'hui vérifiées, constatées, et pouvant servir à caractériser, si l'on peut s'exprimer ainsi, la physionomie politique et morale de cette intéressante localité. Son nom : Balme ou *Baume*, qui paraît dériver de la langue celtique, signifie une grotte, une caverne, ensorte que la Balme doit à sa grotte son nom, sa célébrité, sa prospérité.

Son principal monument, sur lequel nous appelons

l'attention et la piété des étrangers, est la chapelle de Notre-Dame-de-la-Grotte; le savant archéologue la considère, par sa position et son ensemble, comme un spécimen très-intéressant de l'art religieux au commencement du XIIe siècle.

« Construite sur une terrasse à 14 mètres au-des-« sus du torrent de la grotte, contre le jambage dextre « du gigantesque portique, la chapelle de Notre-Dame « paraît avoir succédé à un monument religieux bien « plus ancien; un escalier composé de 51 marches, « passant sur un arc ogival ouvert sur le torrent, « conduit à la terrasse (1). De ce point l'œil étonné « contemple, d'un côté, les cavités ténébreuses de « la grotte, où il règne un mystérieux silence, de « l'autre, un riant horizon limité par les riches mon-« tagnes du Bugey. Là sont en présence les images « frappantes des deux extrêmes de l'humanité: la « vie et la destruction.

« La structure de la double chapelle est remar-« quable par son ordonnance complexe; une pensée « de similitude locale semble avoir dirigé le génie « de l'architecte, comme certaine recherche règne « dans la composition des masses, qui, par la ru-« desse de leur mise en pose et le fréquent défaut « d'aplomb, tendent à s'harmoniser avec les si-

(1) Cette disposition n'a pas changé; mais combien sont plus imposantes les proportions du nouvel *escalier monumental*.

« nuosités du rocher contre lequel elles s'appuient.
« Les chapitaux et colonnettes, seuls détails de sculp-
« ture, ne manquent pas de correction et caracté-
« risent l'époque architectonique de l'édifice, dont
« le plan est à une seule nef terminée par une abside
« semi-circulaire. La voûte en berceau repose sur des
« arcs à plein cintre, disposés latéralement sur une
« base continue pouvant servir de siége aux fidèles;
« la longueur de la chapelle supérieure, consacrée à
« la Vierge, est de 9 mètres; sa largeur, de 4 mètres
« 45 centimètres; sa hauteur sous voûte est de 4
« mètres 34 centimètres.

« La chapelle inférieure, sous le vocable de Saint-
« Jean, est d'une ordonnance bien plus simple;
« les deux colonnettes supportant l'arc de l'abside
« sont ses seuls ornements; on y descend par un
« escalier composé de 15 marches et pratiqué dans
« un couloir contre le flanc du rocher; la longueur
« de cette chapelle est de 7 mètres 28 centimètres;
« sa largeur, de 2 mètres 88 centimètres; sa hau-
« teur sous voûte, de 2 mètres 66 centimètres (1). »

Tel fut, tel reste aujourd'hui le vénérable sanctuaire restauré sous l'habile dirction de M. Victor Teste; il n'appartenait qu'à lui de conserver sévèrement intact, à l'encontre de certains architectes

(1) Essai archéologique de la grotte de la Balme. *Revue du Lyonnais*, tome 3, page 472.

disposés, par une aberration de l'esprit, à romantiser les monuments comme on romantise l'histoire. Il en est tel qui aurait voulu transformer en ermitage de fantaisie un monument qui, dans sa petitesse, par la proportion relative et par l'ornementation de ses colonnettes, a beaucoup d'analogie avec la plus ancienne église de notre capitale, Saint-Germain-des-Prés.

Quand il s'agit d'antiquités, de monuments religieux, c'est peu d'être architecte si l'on n'est savant ou croyant.

On nous permettra, on nous saura peut-être même gré de placer ici de courtes réflexions sur le naturel respect qu'inspirent les lieux consacrés, pendant des siècles, à la prière, à l'effusion des cœurs, aux larmes de la douleur, aux épanouissements de l'espérance. Le peuple, qui ne sait pas les mots, mais qui sent les choses, ne s'y méprend pas : ni les merveilles des beaux-arts, ni les colonnades, ni l'or resplendissant de la Madeleine, ne lui feront pas déserter, à Paris, la brute chapelle de Sainte-Geneviève avec sa grossière balustrade en fer lacéolé. On aime à relier la chaîne des temps en s'agenouillant là où les aïeux ont élevé leurs âmes à Dieu : ainsi le veut la métaphysique des sentiments, la mystérieuse attraction du passé, cette grande cause des méditations de l'homme réfléchi.

Que M. Teste reçoive ici les témoignages de notre

gratitude pour la conservation intacte des chapelles *superposées* de la grotte. Leur existence était en péril, il les a consolidées ; il les a couronnées d'un petit clocher-arcade d'un style conforme à l'époque de leur érection; il leur a rendu, autant qu'il était possible, leur forme primitive; la crypte, où pénétrait le grand jour, a été assombrie ; un œil-de-bœuf a remplacé le vitrage plus que vulgaire de la chapelle supérieure; le bâtiment qui obstruait l'entrée, cédé gratuitement par M. Delaservette, dont j'aime ici à rappeler le nom, a disparu et permet d'embrasser d'un coup d'œil l'escalier magistral où l'on voit la masse des fidèles s'élever vers les routes de la sombre grotte, à mesure qu'à chaque pas s'agrandit le vaste horizon qui s'étend au delà du Rhône dans de verdoyantes campagnes jusque par delà Meximieu et Montluel (1).

Quelques esquisses de tableaux, propres à impressionner nos visiteurs, ne paraîtront probablement pas ici déplacées. Puissions-nous perpétuer dans leur mémoire le souvenir réfléchi de ces lieux auxquels il n'a manqué, auxquels il manque hélas! peut-être encore une plume descriptive qui puisse à la fois éveiller leur attention, nourrir leur mémoire, et, par cet attrait qui n'appartient qu'aux maîtres, appeler, faire affluer les talents et les justes intelligences qui, par

(1) Mons-Lunæ.

leur style, leur pinceau, leur crayon, illustrent et enrichissent les lieux où ils portent leurs pas. En les attendant, visiteurs de la Balme, veuillez me suivre un instant; rétrogradons en descendant le ruisseau qui s'échappe de la première assise des Alpes, traversons un petit pont, et, par un mouvement à droite, nous voilà bien en face de la Grotte, à la distance convenable à la perspective. Que voyez-vous d'abord dans cette direction? Une croix brute en pierre, que ronge la rouille du temps. Approchez, vous y verrez encore un écusson dont la forme assigne six à sept cents ans de durée à cette croix justement placée en face de la majestueuse caverne; mais remarquez-le bien: ce n'est pas une simple croix isolée; ce qui vous semblerait une base ordinaire, un piédestal, est un autel bien caractérisé; il n'y manque que le rétable pour qu'on y dise encore la messe, en plein vent, en face directe du temple druidique. Cet autel chrétien aurait-il été planté sur l'autel des sacrifices, de l'expiation par le sang ou des offrandes payennes, véritables boucheries? Vous frémissez, vous rougissez... Ah! plutôt, félicitez-vous, homme régénéré par un sang divin, d'appartenir à cette communion de croyance où le cœur contrit, humilié, où l'âme aimante est l'offrande la plus pure que puisse faire un mortel à son souverain maître. Après une pause, après un de ces bons mouvements intérieurs qui font tant de bien, levez les yeux, et votre admiration, plus réfléchie, ne peut que s'agrandir et se fixer en face de cet arc triomphal aux colossales dimensions, que couronnent des arbustes, des plantes alpestres qui surgissent des fissures de chaque roche. Transportez-vous un instant en esprit là-haut où croissent ces arbustes, et, dans un clin d'œil, vous aurez changé de climat, vous serez en pleine montagne ; les Alpes neigeuses vous apparaîtront comme une décoration théâtrale à la levée du rideau. De cette sensation imaginative laissez retomber les yeux sur le sol et dirigez-les vers les chapelles, vous les voyez surgir du fond du torrent; en face, elles vous offrent un élégant profil surmonté d'une campanile dont la forme contraste agréablement avec la sévérité des lieux ; par un heureux contraste, c'est comme un bijou dans un étui brut. Ce qui vous frappe en même temps, c'est l'imposant escalier qui conduit à une plate-forme qui forme le parvis de la chapelle supérieure, de laquelle, comme il a déjà été dit, on descend dans la crypte dédiée à saint Jean-Baptiste, le précurseur de la rénovation par le Christ. Ces deux chapelles ont leur caractère, leurs effets moraux, distinctifs : l'une, sombre, porte à la méditation, l'autre, correcte dans ses proportions, semble, par sa situation solitaire, par son élévation, créée pour un culte *sentimental*, pour nous servir ici d'un mot qui peint la double action de l'esprit et des sens, culte des consolations qui met en rapport constant le ciel et la terre par la plus heureuse des femmes, élue pour devenir la mère d'un Dieu fait homme, pour instruire et sauver les hommes; culte qui fait croire, espérer; culte régénérateur de la femme et qui a doublé les forces morales des peuples chrétiens. Ah ! s'il n'existait pas ce culte de Marie, combien serait grand celui qui pourrait l'inventer !

Les modestes drapeaux des communes de l'Isère et de l'Ain qui viennent au mois de mai en pèlerinage à la Balme impriment à la chapelle un cachet de popularité, de rusticité harmonique avec ce sanctuaire à nul autre comparable par sa situation, sa forme et les souvenirs que nous avons évoqués en toute conviction historique, et d'impressions vraies prises dans la nature et le fond des choses.

Dans cette ascension aux chapelles de la Grotte, on éprouve, pour ainsi dire, à chaque marche qui vous élève vers l'imposante voûte, une sensation qu'aucun autre lieu ne cause; une inclination de l'œil à gauche ou à droite vous montre, presque instantanément, les entrailles de la terre et le plus riant paysage, quelque chose comme la moitié d'un panorama, le contraste le plus saisissant. Autre remarque à signaler aux visiteurs : de ce sombre lieu, les rayons visuels font ressortir le panorama naturel des plaines de la Bresse avec une netteté, une précision qu'on n'obtient pas dans un lieu découvert. Quant à la vue de la plate-forme au soleil couchant, il y a là des effets de lumière que tout peintre de paysage s'empresserait de saisir. Ah! si l'oriental, le magique Decamp se trouvait alors sur la plate-forme! Si notre Horace Vernet, peintre de l'héroïsme militaire, venait fixer sur la toile notre scène druidique de Velléda et et des bardes excités à la guerre sacrée contre Rome! Alors le pinceau brillant, en illustrant, fraterniserait avec la modeste plume, toujours si impuissante dans ses expressions, et ces deux arts conservateurs du beau, du vrai, que chacun sent, que chacun est heureux de voir fixé par le crayon ou le pinceau, concourraient à cette œuvre qu'un devoir de cœur, un pur désir me fait entreprendre.

Les élèves de Lyon, ceux de Vienne, où la poésie est indigène, ne pourraient-ils venir exercer leur imagination sur des objectifs réels que la croyance pourrait animer de son souffle, que l'histoire pourrait animer de ses souvenirs. Nous avons eu à la Balme des ermites, et, plus tard, s'y était réfugiée une femme, une pauvre femme, dont on rappelle les vertus. Une tradition sans raisonnable fondement porte que les Routiers, ces soldats du Diable vendant leur sang à tout venant, s'étaient réfugiés sous la Grotte, aux risques de s'y faire enfumer comme ces Arabes que le capitaine Pelissier, vainqueur de Sébastopol, a dû soumettre par une dure nécessité de la guerre. Une histoire de faux monnayeurs est probablement un autre conte. Si c'était une vérité, il accuserait l'autorité seigneuriale d'une grande négligence. De feu pour le mensonge, de glace pour la vérité, le vulgaire accueille plutôt des rapsodies incroyables que le vrai, que le vraisemblable (1).

Avant de quitter la Grotte, avant de conduire les étrangers que j'appelle à la Balme sur le terrain des antiquités romaines et du moyen âge, par un désir de leur complaire, par ma sympathie pour les artistes, je vais, à grands traits, tracer deux tableaux d'actualité réelle, tableaux vivant, parlant, chantant, religieux, rustiques, une douce impression pour les hommes simples de cœur, une bonne fortune pour le peintre.

Quand vous entrez sous le portique de la Grotte, vous voyez à gauche, près des marches de l'escalier monumental, une chapelle rustique, encastrée sous la roche, balustrades en bois grossier servant de clôture à une concavité rocheuse, avec un autel surmonté de la statue royale et doctorale de sainte Catherine tenant à la main la palme du martyre, deux chandeliers de buis, deux consoles en bois recouvert de son écorce, pour tapis du marche-pied, de la mousse. Est-il rien de plus modeste, de plus campagnard, rien, aussi, de plus concordant et, conséquemment, de plus conforme à la nature, que cette chapelle qui devient un tableau si vous y placez un

(1) Un poëte d'album a pourtant rimé là-dessus!...

ermite en prière? Cette pittoresque chapelle, qu'on prendrait pour une pieuse fantaisie, est un monument historique, une fondation où, si l'on veut, bénéfice était attaché. Le seigneur de la Balme, M. de Boulieu, avait la collation, ou, pour parler plus simplement, la disposition de ce bénéfice, dont l'installation donnait lieu à une cérémonie religieuse dans laquelle ledit seigneur, fût-il capitaine de dragons, figurait en surplis et parlait latin.

La mise en scène de ce tableau aurait peut-être trop de complication; mais en voici un autre que chacun peut voir en action le 25 novembre de chaque année. A cette époque, le torrent déborde, du fond de la grotte jaillit une cascade écumante, dont les flots argentés contrastent avec le fond noir, le fond ténébreux de la Grotte, que fait ressortir la pâle lumière des rares lampions achetés sur les petites économies des jeunes filles. Dans l'enceinte de la balustrade se voient le prêtre agenouillé, les religieuses institutrices, les dignitaires du Rosaire; au dehors, la jeunesse et l'enfance; les litanies sont dites; le prêtre a parlé; les cantiques commencent :

« Oh! sainte Catherine,
« Vous la fille d'un roi!..
« De la bonne doctrine
« Enseignez-nous la loi! »

Certainement, ni la chapelle de Sainte-Geneviève, à Paris, ni telle autre, si antique, si caractéristique qu'elle soit, n'offrent pas un tel aspect. Un plus grand, un plus saisissant tableau, que tout curieux peut voir au mois de mai, va se dérouler. Écoutons et voyons.

On vient d'arborer sur la plate-forme, déjà décrite, l'oriflamme de Notre-Dame-de-la-Balme; la clochette argentine retentit, et l'on entend un chant lointain : c'est le pèlerinage de Verna, bannière en tête, que conduit son respectable pasteur (1). Arrivés sous la Grotte, en gravissant l'escalier monumental, on entonne l'*Ave maris stella*, cette religieuse devise de l'oriflamme de la marine française voguant sur la Mer Noire, ou bombardant les rivages de la Baltique. Le danger réveille dans l'homme le sentiment de sa faiblesse, et la prière surgit de son cœur : c'est alors que tous invoquent

« L'étoile de la mer, lumière étincelante,
« Fanal des matelots sur l'onde frémissante. »

Le pèlerinage rural en partie dans la chapelle, l'autre sur la terrasse, sur les plus hautes marches de l'escalier aérien! N'y aurait-il pas déjà là le sujet d'un tableau pittoresque, mais sans cette animation qui fait vivre la toile. Cette animation, nous la rendrons.

La première fois que je fus témoin de cette scène

(1) En approchant de la Balme, venant de Lyon, on aperçoit l'église et les tourelles du château de Verna, manoir patriarchal où l'antiquaire trouverait des vestiges locaux du séjour des Romains.

du pèlerinage de mai, la nature brillait dans tout son éclat; seul sur la plate-forme, attendant l'arrivée du cortége rural, j'étais comme absorbé par les sensations que font éprouver ce lieu, ce monument unique :

« Le ruisseau souterrain doucement murmurait,
« De son timbre argentin la clochette vibrait;
« Dehors du temple saint l'hirondelle volage
« S'agitait, béquetait, faisait son doux ramage;
« Sur le buisson voisin le rossignol chantait,
« Et l'alouette en l'air vivement s'agitait.
« Doux accords du printemps, musique aérienne,
« Qu'y manquait-il encor? la harpe éolienne (1),
« Dont la corde, agitée au gré de chaque vent,
« De célestes accords en fait un instrument. »

Le saint sacrifice va commencer. Nous sommes dans l'intérieur de la chapelle, en face de la statue, aussi antique que le monument, mais qu'une main barbare a rajeunie. Pendant que le prêtre revêt les ornements sacerdotaux, le chœur fait retentir ces paroles simplement accentuées :

« Saison chérie,
« Couronne du printemps,
« Mois de Marie,
« Mois de purs sentiments.

(1) Dans les îles de Lipari, près des villages de la Sicile, on disposait des tuyaux pour produire des sons; en Écosse on place des harpes dans le même but.

« A chaque jour sa fête,
« Le matin, fraîches fleurs,
« Est toujours prête
« L'offrande de nos cœurs. »

Puis le concert rustique offre ses vœux à Notre-Dame-de-la-Balme :

« Vierge, notre refuge, agréez nos hommages,
« Comme Jésus enfant reçut celui des Mages.
« De roses et de lys nous offrons la couronne
« A celle dont le nom sur nos lèvres résonne,
« Au lever de l'aurore, avant d'aller aux champs,
« A l'heure du repos, puis au soleil couchant. »

Le plus profond recueillement règne pendant le saint sacrifice, entrecoupé de chants en l'honneur de Marie, à qui, peut-être, la France catholique doit son universel ascendant. Notons ici que, par un rapprochement saisissant, ce fut sous une grotte que s'accomplit le plus grand fait de tous les faits providentiels, et que c'est à la Balme, sous une grotte, que viennent prier les habitants fidèles à ce culte à la bonté, au dévouement héroïque, l'admiration du musulman, et, mission muette, s'exprimant par les merveilles de la charité sur les champs de bataille et dans les hôpitaux par les femmes françaises, la gloire de leur glorieux pays. Que de bonnes paroles retentissent depuis plus de mille ans sous les voûtes de cette grotte où, dans un recueillement profond, on demande, on reçoit de douces consolations! Que de simples, de pathétiques exhortations y ont reconforté les âmes malades! Qu'on me permette cette répétition, dictée par un naturel désir de faire goûter à ceux qui voudront bien me lire ce doux fruit qui calme et fait couler de douces larmes. Dans cet ordre d'idées, naturelles à mon sujet, en faisant un appel aux pèlerins, je leur dirai que :

« Fréquenter un lieu saint n'est pas le vain désir
« De changer de pays en cherchant le plaisir :
« Dans un pèlerinage il faut que, dans notre âme,
« S'allume, s'illumine une divine flamme,
« Il faut, pour l'accomplir, un souvenir, un vœu,
« Des élans vers le bien, vers ce qui rend heureux,
« Le vœu qui des vertus impose la pratique,
« Vœu qu'exprime si bien un éloquent cantique,
« Vœu de paix et d'amour, de confiance, d'espoir,
« Vœu d'un pur dévouement et d'un constant vouloir. »

Qu'on veuille bien nous pardonner, dans un opuscule descriptif, cette analyse des exhortations de nos bons pasteurs dans leurs allocutions ; qu'on veuille bien se rappeler que nous sommes en ce moment en plein pèlerinage, que le prêtre officiant vient de faire entendre sa bonne et touchante parole sur cette terrasse pittoresque, d'où, sur une estrade, élevant la tête au-dessus des assistants groupés autour de sa personne, il a fait retentir sa voix aux auditeurs placés sur l'escalier aérien et jusque sur le sol de la grotte ; tableau vrai, tableau que ne peut offrir aucun autre temple ; et toujours, suivant mon but, la faible idée que j'en donne s'adresse à ceux qui voudraient, un jour, venir en aide à mon œuvre en parlant aux yeux. Plus saisissante encore est la bénédiction du très-saint Sacrement sous la grotte, dans un grand jour de fête, quand les abords et la plate-forme sont illuminés : ce religieux spectacle est d'un incomparable effet.

Le retentissement des voix a cessé : recueillement profond; chacun est à genoux devant le souverain Maître des cieux ; le prêtre domine toutes les têtes abaissées. la cloche tinte, l'écho répète ses sons, quand il prononce solennellement le *Benedicat vos*, dans les entrailles de la terre. Ah! que ne suis-je peintre!...

Ici se termine la série des tableaux souterrains de la Balme, que, malgré mon insuffisance bien sentie, j'ai dû essayer d'esquisser dans le but que je poursuis pour cette œuvre patriotique et religieuse, d'un si grand intérêt pour le sol où la providence a fixé mes derniers ans.

Après la vue vient l'examen des lieux, des monuments célèbres; aux impressions qu'ils produisent succèdent le recueillement, la réflexion ; le souvenir s'en grave dans la mémoire, à moins qu'on ne veuille ressembler à ceux qui ont tout vu sans avoir rien retenu ; alors il s'établit en nous des comparaisons entre les sensations que nous ont fait éprouver les divers monuments et les sites qu'avait recherchés notre curiosité : on veut s'en rendre compte à soi-même, et dans cette revue on reconnaît que ce n'est ni la splendeur des édifices, ni leur célébrité qui gravent et perpétuent le plus les souvenirs, les enseignements. Aussi les gigantesques pyramides d'Egypte et leurs quarante siècles contemplateurs de la valeur française ne nous laissent qu'une vague réminiscence, — et pourquoi? Parce que nous ignorons le mot, l'énigme de ces monts granitiques implantés sur les sables du désert. Que si, pèlerins de la Terre-Sainte, nous avons visité les coteaux de Bethléem et cette petite grotte vide d'où sortit la rénovation du monde, alors le cœur est saisi, l'esprit se recueille, l'âme s'émeut, et le moindre fragment de roche que foulent les pieds devient une relique, un enseignement, et, peut-être, une cause de retour vers cette doctrine humanitaire qui vous dit : aimez Dieu, aimez vos frères; soyez bons et vous serez heureux. Impossible à tout être pensant de jamais oublier les sensations de Bethléem; impossible, également, d'oublier la Grotte de la Balme, avec ses souvenirs, création antédiluviennne, antre du druidisme, temple payen, premier établissement du christianisme dans cette région des Gaules, et, avant et depuis Charlemagne, la divine maison de la prière et des consolations. Où trouver, dans un site aussi merveilleux, une semblable accumulation de faits, de sensations, de réflexions, d'impérissables souvenirs? Ah! qu'ils furent bien inspirés ceux qui, depuis tant d'années, ont, par leurs persévérants efforts, restauré, régénéré les chapelles historiques de la Balme. D'où vient qu'aujourd'hui le culte de Marie se relève, resplendit dans notre France? L'oriflamme de la flotte, c'est son image vénérée; à Lyon, Fourvières est un nouveau Sinaï de paix et d'espérance que gravit toute une population d'intelligence et de travail; à Marseille, Notre-Dame-de-la-Garde, l'étoile des mers, va se restaurer par des souscriptions ouvertes dans les ports de la Méditerranée où règne le croissant. Dans la poétique cité viennoise, le mont consacré au souvenir de Pompée attend la statue de la Reine de Clémence; au Puy, cette ville, déjà si pittoresque, va surgir un gigantesque monument de ce culte sympathique, et par une idée grandiose, saisissante de gratitude, le bronze de la victoire sera, par un doux retour, consacré à celle qui la donne.

Pourquoi ce réveil, cette résurrection de ferveur? D'où vient ce sentiment inspirateur qui s'empare des populations de notre noble France? A quoi faut-il attribuer cette pieuse recrudescence? Il faut le dire ici en face du temple souterrain de Notre-Dame-de-la-Grotte :

« Quel culte dans le monde, à l'humaine misère,
« Offre au mortel souffrant une divine mère,
« Reine du pur amour? Ah! si le cœur le sent,
« Du haut des Cieux, par elle, toute grâce descend. »

Le siècle souffre, il s'ébat, il se meut, il sue, courant après l'argent pour trouver le plaisir et le bonheur, et le plaisir et le bonheur lui échappent avec le repos. Il y a de la tristesse jusque dans ses fêtes. Et pourquoi? C'est que sans croyance, sans vertu, rien ne vaut en ce monde. Alors les caractères s'affaiblissent, hésitant entre le bien et le mal pour trouver un accommodement, un milieu faux, décoloré, indécis, inconsistant; et de là cette tristesse dans la prospérité jamais satisfaite, et ce vague retour à la source des consolations. On sent que rien n'est stable sans la foi et l'on craint de croire par crainte des devoirs qu'elle impose. On sent que la société vacille faute de base, et qu'elle ne peut offrir de sécurité que par la réforme moralisatrice, par ce culte divin où la conscience de l'homme est toujours en présence de son juge. De là ce retour, encore indécis dans les masses, à cette religiosité catholique qui, seule, peut nous donner ce gouvernement à bon marché qu'on a si souvent préconisé sans l'atteindre. Le siècle est en travail, il souffre; après les déceptions des théories, après l'expérience des ambitions dévorantes, il s'arrête, il hésite, il conçoit que la base du bonheur public a ses fondements dans la pureté, l'honnêteté du cœur; le cœur seul peut sauver le siècle.

Ces quelques observations, en sortant d'un antique sanctuaire de la nature et du christianisme, ne paraîtront pas déplacées dans nos descriptions animées de la Balme. Les lieux ont leurs naturelles inspirations : ils sont, pour l'écrivain, la géographie des livres dont le but est d'intéresser, toucher l'âme, y graver, en passant, quelque bonne pensée qu'on puisse rapporter après une excursion récréative.

Qu'il nous soit donc permis, avant de nous éloigner de la grotte pour n'y plus revenir, de citer un exemple frappant de cette instruction résultant des monuments rapprochés de l'histoire.

En sortant de la grotte, on voit au delà du lit du torrent, un vieux pan de mur que termine le jambage d'une fenêtre. Que signifie cette ruine dont l'aspect n'a pas le cachet d'antiquité que présentent les chapelles? Ce pan de murs, hélas ! témoigne de la faiblesse humaine, ardente à tout promettre dans le danger, prompte à tout oublier sitôt qu'il disparaît. Au seizième siècle, la fièvre noire ravageait ces contrées, et les pèlerins affluèrent tellement à Notre-Dame-de-la-Grotte, qu'il fallut allonger les chapelles, ce que l'on fit en appuyant des solives sur le roch en les unissant au mur que l'on a conservé, moins encore peut-être pour servir de contre-fort aux chapelles que pour offrir, avec la tradition historique, l'application de ce proverbe italien : *Passato il pericolo, gambato il sauto*. Le malheur rend pieux, et l'infortune qui nous humilie, est un bienfait; c'est ce que Lafontaine nous dit naïvement :

« Quand le malheur ne serait bon
« Qu'à mettre un sot à la raison,
« Toujours est-ce pour juste cause
« Qu'on le dit bon à quelque chose. »

Pour accomplir notre tâche descriptive, il nous reste à offrir aux étrangers quelques notions sur les antiquités de cette localité, à laquelle nous serions heureux de procurer la prospérité et le concours que les chemins de fer et la navigation du Rhône doivent lui assurer. Notre but, surtout, est d'intéresser la population lyonnaise à faire de la Balme et de ses pittoresques environs un rendez-vous de *villagiature* dont elle puisse tirer quelque instruction sur le passé de cette campagne si digne d'intérêt.

Par sa situation, voisine du Rhône, par sa grotte, antre mystérieux du culte druidique, par ses coteaux, premières assises des Alpes, La Balme fut, comme elle l'est et le sera bientôt davantage, un lieu de prédilection : des Romains s'y établirent et y fondèrent un de ces petits temples pour leurs sacrifices payens. La preuve monumentale en sera produite plus bas. L'ignorance a pu supposer qu'il y eut une ville dans les environs de la Balme ; c'est une erreur manifeste. Cette ville — dit-on — s'appelait Villeneuve, c'est-à-dire *Villa nova*, campagne nouvelle, à laquelle, avec plusieurs autres, peut-être, étaient réunies de vastes possessions. L'étendue des ruines ou traces de ces habitations ne détruit pas cette observation : une résidence romaine représentait une vaste surface, surtout à la campagne. La cité campanienne, *Pompeia*, nous a laissé debout la maison Pansa, aussi vaste que le Palais-Royal à Paris, avec un grand nombre de boutiques, ou, plutôt, d'échoppes occupées par des artisans esclaves. On a retrouvé dans les cendres du Vésuve une affiche de la mise en location de plusieurs centaines de boutiques et d'un *venoreum*, lieu de débauche, appartenant à une dame romaine. Qu'était-ce donc, par son étendue, que la *villa* d'un Romain, fût-il peu riche? La langue latine dut s'introduire dans cette contrée sur la rive gauche du Rhône avant qu'elle pénétrât sur l'autre rive; le Midi était soumis à Rome, et ses mœurs adoptées avec la forme des vêtements des vainqueurs : c'est ainsi qu'un pays se dénationalise. Sur cette rive on portait la toge, de là cette qualification de *Gallia togata* donnée aux provinces asservies, et celle de *Gaule chevelue* à celles qui devaient, avec l'emblême du coq, combattre César sous Vercingétorix. Des traces de cette dissemblance existent encore entre l'une et l'autre rive du Rhône; elles sont sensibles dans les mœurs, dans le langage et surtout dans la prononciation du latin, étonnamment correct, à la Balme, dans les chants de l'église, et barbare dans les villages de la rive droite, même les plus rapprochés de la cité latine, cette Vienne, toujours fière, à juste titre, d'avoir été associée à la puissance qui domina le monde.

Quant au nord de la France, si vous parvenez à faire chanter le latin aux paysans de la Picardie et de la Flandre, j'irai le dire à Rome, étonnée de ce progrès. Les monuments des établissements des Romains à la Balme consistent principalement en deux inscriptions, dont l'une rappelle un sacrifice à Apollon, et l'autre rappelle la sépulture de l'enfant *d'un décurion lyonnais*, probablement possesseur d'une vaste villa et de grandes possessions domaniales.

On emprunte ici au travail déjà cité, du judicieux M. Victor Teste, le relevé de la traduction de ces inscriptions d'après l'analyse sévère qu'il a faite des jambages des lettres altérées et le complément aussi délicat que judicieux qui consacre ces monuments et leur témoignage historique.

Voici la première inscription :

† APOLLINI . AVG . SA...
T . COMINIVS . GRATVS . ME...
CENSA . MATER . EX....

Le savant archéologue rétablit ainsi le texte: *Apollini Augusto sacrum T. Cominius Gratus, Censa mater ex voto.* Ce qui se traduit ainsi :

« Consacré à Apollon Auguste, *T. Cominius Gratus* et « Censa, sa mère, selon le vœu qu'ils avaient fait. »

La seconde inscription se trouve sur un petit sarcophage d'un mètre 40 centimètres de longueur, sur 50 centimètres de hauteur.

Voici l'état dans lequel elle se trouve :

IVI . CLARI
C.... JVL . CORNELIAN. . DEC
LVG . ET . MODESTIÆ . GEMINANS
FI.... QVI . VIXIT . ANNIS . III . DIEBVS. . V
P. . R. . NT . FIL . DVLCISSIMO .

Le texte peut se rétablir ainsi :

DIIS MANIBVS JVLII CLARI, C... JVLII CORNELIANI, DECVRIONIS LVGDVNENSIS ET MODESTIÆ GEMINANTIS FILII QVI VIXIT ANNIS TRIBVS, DIEBVS V PARENTES FILIO DVLCISSIMO.

Ce qui peut se traduire ainsi :

« *Aux Dieux mânes de Julius Clarus qui a vécu III ans*
« *et V jours, fils de C... Julius Cornelianus, décurion*
« *lyonnais, et de Modestia Geminans, des parents à leur*
« *fils très-chéri.* »

Le passage du monde romain à la Balme étant ainsi constaté par le culte payen et par un monument funéraire, ne devons-nous pas, avant de fixer l'attention, ou tout au moins intéresser les visiteurs de la Balme sur les antiquités du moyen âge, rappeler à grands traits comment ce monde romain disparut pour faire place à la société nouvelle.

Tout excès mène à la ruine, trop de puissance,

trop de richesses, trop d'inégalité, devaient amener la chute d'un empire avili par le vice, épuisé par la débauche. Sous le sceptre des Césars, notre race, notre chair corrompue devaient périr sous la parole évangélique qui vient réveiller la conscience humaine, ce forum conservateur des sociétés, et contre laquelle, en définitive, rien ne prévaut. Il fallait encore qu'un torrent dévastateur détruisît l'édifice cimenté par la politique la plus habile; et le souffle de la Providence lança dans les Gaules, en Italie, en Espagne, en Afrique, les Bourguignons, les Francs, les Goths, les Normands, les Saxons, et, des bords de l'Euxin, des rives de la Mer d'Azof, les Huns avec leur Atila, ce grand flagellateur de l'empire romain.

Il y eut alors dans l'Occident un épouvantable pêle-mêle, une traînée de sang et de dévastation; ce fut l'anarchie de la force brutale, le commencement du droit du poing. Le vainqueur s'emparait des positions défensives, il y plantait sa lance, et, des hauteurs de son château, son œil traçait les limites de sa première usurpation des choses et de son empire sur les hommes. A la Balme, le Bourguignon ou le Franc durent s'emparer du coteau qui domine la plaine; au delà du Rhône, la position essentiellement militaire de Flassieux commandait à toutes les plaines environnantes, et, dans ces temps de barbarie, ce commandement n'avait de limite que la volonté tempérée par l'intérêt personnel. Après soi, après les siens, après le palefroi de bataille, on prenait soin des serfs. Dans les positions moins importantes il y avait des petits châteaux, des féodalités inférieures, une organisation guerrière, dont ce pays offre des traits à chaque pas. Nous en indiquerons quelques-uns, non pour faire de l'archéologie sèche, mais pour répercuter les impressions plus vraies et plus sensibles qu'on éprouve en face des lieux, des constructions appropriées à l'état social de cette époque de rénovation, époque de violences, droit du plus fort, qui décidait tout, confusion, anarchie de barbares conquérants, de Gaulois rongeant leur frein, de Romains subissant, dans leur assujettissement, l'arrêt providentiel de tout abus, de tout ce qui blesse notre humaine nature. C'est dans cette période que le Sarrasin fut envoyé par le destin pour rallier les conquérants par un danger commun, et les soumettre à Charles-Martel, d'où devait naître le grand empereur Charlemagne, organisateur, législateur, instituteur des populations par le culte, le chant et les établissements religieux. Après Charlemagne, l'empire s'affaiblit, se divise, l'unité se perd, chaque baron ne reconnaît de puissance que son épée. Tout château est une forteresse, toute forteresse un camp, toute campagne un champ de bataille, toute borne est ensanglantée. Siècles de fer, de combats sans trêve, qui nous en délivrera? La Providence. — Par quelles voies? Par la religion qui intervient entre les peuples et les dominateurs, par la résistance du prêtre, défenseur de la justice et fondateur de la légitimité des familles, même à l'encontre d'un concubinage royal, fût-ce celui d'Agnès de Méranie, par l'excommunication, l'expulsion du temple du seigneur dont la main versait le sang innocent, par l'affranchissement des serfs, infligé comme pénitence publique (1). Enfin, pour rétablir l'unité monarchique, et, par elle, l'unité du droit en rapprochant les peuples, la Providence suscita les croisades, où les rois en personne commandèrent aux princes, aux ducs, aux barons.

Placé sur le terrain étroit d'un village obscur, cette histoire à vol d'oiseau, à travers les siècles, grave dans le cœur cette réflexion : que les plus grands évènements du monde sont tracés dans leur marche par un ordre admirable (2). Une autre réflexion, la plus importante sans doute, que fait naître la vérité des évènements accomplis, c'est qu'en dehors des préceptes divins, il n'y a pour petits ni pour grands de garantie d'ordre et de sécurité. Révolutionnaires et despotes (dans leur similitude criminelle) ne prévaudront jamais contre le droit public proclamé par la croix de bois qui sauva le monde; elle le con-

(1) Formule d'affranchissement : *Par respect pour la divinité et pour obtenir le salut éternel, je te rends libre.*

(2) Virgile le savait bien quand il dictait ce vers :

Ab integro sæculorum nascitur maximus ordo.

servera, elle l'étreindra, le confondra dans l'unité.

« Le temps où nous vivons est gros de l'avenir,
« Et le morcellement tend à bientôt finir.
« Par la seule vapeur, par le fil électrique,
« Je vois marcher le doigt de l'esprit prophétique. »

Gutenberg, par l'imprimerie, est arrivé à point pour lier la chaîne des temps, conserver les traditions du passé, préparer les voies d'un ordre nouveau par la communication de la pensée. Le résultat providentiel va s'ensuivre (1), croyons à la logique divine.

De cette digression, à la suite de laquelle le touriste peut se reposer un instant, nous allons le placer immédiatement sur le terrain historique des croisades. En face de la haute rue où est l'auberge du fermier de la Grotte se dresse un beau fragment d'arc ogival, style oriental, et non gothique, rapporté des croisades avec le luxe, le goût des sensualités inconnues à l'Europe renouvelée après la chute de Rome et les grandes invasions du Nord et du Midi. Là fut une commanderie des Templiers, compagnons d'armes de Godefroy, de Tancrède, d'origine normande, et de Baudoin, comte de Flandres. Le souvenir de Jérusalem, de Laodicée, d'Antioche, se réveille ici, se nourrit, s'agrandit, s'embellit, se poétise, s'incruste

(1) Virgile avait aussi l'idée d'un monde nouveau :

Aspice ut lætentur ventura sæcla.

par les exactes descriptions du Tasse, animées de scènes guerrières et de chevaleresques amours :

Spero pocco, bram' arssai, domando niente.

« J'espère peu, je brûle et ne demande rien. »

Dévoûment pur, sans stipulation de récompense ! Cette chevalerie des grands cœurs, où est-elle encore et qui l'inspire? La foi, le sentiment religieux et l'honneur, toujours dans un noble but. Mais, qu'était-ce qu'un Templier? Un prêtre combattant

« Qui posait sur l'autel
« Le sabre du cartel. »

Les Chevaliers de Malte, jusqu'à notre expédition d'Égypte, furent un reflet de cette institution mixte dont l'héroïsme ne faiblit jamais.

L'ordre des Templiers embrassait toute la catholicité sous un grand Maître ; toutes les langues s'y confondaient. Les goûts gastronomiques du moyen âge, recueillis soit en Orient, soit dans la fréquentation des différents peuples réunis en Syrie, étaient si compliqués — dit le chroniqueur Froissard — « que c'était comme *un grand planté de metz et entre* « *metzlés, si étrangés, si déguisés, qu'on ne pourrait* « *les deviser.* »

Possesseurs d'immenses domaines dans toute la chrétienté, les Chevaliers du Temple ne purent échapper à la corruption de la prospérité. Le luxe, l'intempérance altérèrent leurs institutions, mais sans porter atteinte aux vertus guerrières, plus faciles, plus générales que bien d'autres. Avaient-ils senti leur puissance, leur force dans chaque état, leur influence dans le monde sous un pouvoir unique? Avaient-ils, dans leur orgueil de caste, rêvé l'autocratie du sabre et de l'encensoir? Leurs richesses furent-elles seulement le motif honteux de leur abolition? Telles sont les questions qu'il ne nous est permis de résoudre que par ce principe absolu de la chute, de la punition de toute corporation, de tout état personnel, de toute condition où l'on abuse du pouvoir, de l'influence, de la richesse, aboutissant trop souvent au matérialisme des mœurs, à un égoïsme dissolvant.

Après ces courtes réflexions qu'a fait naître la présence des restes du manoir des Templiers, visitons ce local très-remarquable, dont l'histoire intéresse au plus haut degré La Balme, où l'on ignore le fait le plus saillant, le mieux démontré de ses annales. Qu'y remarque-t-on?

« Au rez-de-chaussée, à côté d'une vaste cheminée, est pratiquée dans la muraille une petite armoire ayant la forme de deux fenêtres en lancette; le premier et unique étage, légèrement porté en encorbellement, est éclairé par une élégante fenêtre nervée dont il est facile de recomposer la décoration malgré l'absence du morceau central.

« L'intérieur de cet étage offre, dans un angle, une cheminée demi-circulaire, supportée par deux con-

« soles. Deux petites tablettes, taillées en forme de « patte d'oie, sont disposées latéralement pour l'en- « trepôt des objets usuels ; le tuyau cylindrique se « prolonge bien au-dessus du toit. On observe dans « le remarquable donjon de Chasayes (Drôme) une « cheminée ayant quelque rapport avec celle-ci (1). »

Combien les restes du monument ne deviennent-ils pas précieux quand on les anime du souvenir le plus tragique, le plus émouvant du quatorzième siècle, l'abolition de l'ordre des Templiers par le concile de Vienne, en 1311. Terrible drame où le grand maître Jacques Molay figure avec le chevalier Gui, frère du dauphin d'Auvergne, et Hugues de Péralde, brûlés vifs à Paris, en 1313, dans l'île du Palais. Peu de personnes se seraient attendues à trouver à la Balme le manoir illustre que les touristes, les artistes visiteront avec l'émotion que commande le grand souvenir de violences exercées contre une institution militaire et théocratique, suspecte à la papauté et dangereuse pour les rois par sa valeur et ses richesses.

Du manoir de l'infortuné chevalier Guy transportons-nous sur l'emplacement où s'élevait le château de son frère, le dauphin Humbert Ier, auquel succéda Guigues VIII, et à celui-ci, en 1330, Hum-

(1) Extrait de la notice de M. Victor Teste.

bert II, né en 1312, dernier dauphin viennois (1).

Ces personnages historiques se rattachent étroitement aux annales de la Balme ; le premier par le manoir des Templiers et le sort de son infortuné frère, le second par la dotation du monastère de Salette, que constate un curieux monument de l'art épigraphique et de l'histoire, aujourd'hui déposé dans la grande nef de la Grotte.

Voici cette inscription que, pour la facilité du lecteur, M. Victor Teste a retracée en toutes lettres, et qui a l'intérêt de rapporter la date de la mort de Humbert Ier :

† ANNO . DOMINI . M . CCC . VII . XVI .
KALENDAS . MAII . OBIIT . BONE . MEMO .
RIE . DOMINVS . HVMBERTVS . DALPHINVS .
VIENNENSIS . QVI . EDIFICAVIT . ISTVD .
MONASTERIVM . IN . HONORE . DEI .
ET . BEATE . MARIE . BEATI . QUE . JOHANNIS . BAPTISTE .

« L'an du Seigneur 1307, le 16 des calendes de mai, « mourut le seigneur Humbert, de bonne mémoire, dau- « phin de Vienne, qui édifia ce monastère en l'honneur « de Dieu, de la bienheureuse Marie et du bienheureux « Jean-Baptiste. »

C'était à la Balme que devait, en 1343, s'éteindre la souveraineté delphinoise du Viennois. Guerrier pu-

(1) Nous suivons, dans cette généalogie, un dictionnaire historique imprimé à Paris en 1772, tom. 3, p. 375.

sillanime, prince indolent, irrésolu, Humbert II, sous le poids des chagrins et du ressentiment qu'animait, que nourrissait le souvenir des affronts qu'il avait essuyés de la part de la maison de Savoie, fit donation de ses états à la France, dans la personne de Philippe de Valois, sous l'honorable condition que les fils aînés de nos rois porteraient le titre de Dauphins. Penserait-on que, pour aboutir à cette abdication, ce prince eût sollicité et obtenu de Louis de Bavière, empereur d'Allemagne, l'érection de ses états sous le titre de royaume de Vienne? Ce fut à la Balme que, le 15 avril 1335, fut expédié, pour demeurer lettre morte, le diplôme impérial. Que devint ce roi sans royaume, ce prince plus faible qu'aventureux et brave? Il devint dominicain, patriarche d'Alexandrie, administrateur de l'archevêché de Rheims, et mourut à Clermont en Auvergne, en 1354. S'il ne sut être prince, mais, dit la chronique, il fut bon religieux, bon évêque; faible guerrier, il fut bienfaisant, charitable. A chacun son destin: heureux quand il remplit un but utile, honteux pour celui qui n'a vécu que pour soi.

Où trouver, où voir sur les coteaux historiques de la Balme le château du dernier dauphin viennois qui légua son titre au premier-né des Enfants de France? Regardez ces quatre grands murs blancs percés de fenêtres irrégulières et coiffés d'un haut hangar couvert de tuiles; c'est pourtant sur cet emplacement si dégradé que, en 1337, Henri de Bourgogne, fils aîné du comte de Bourgogne, du même nom, épousa Isabelle de Villars, sœur de l'archevêque de Lyon. Quelle chute! C'est là que gisent les ruines du manoir d'un prince souverain, manoir dont l'importance se révèle encore par les vastes celliers qui remplissaient la coupe chevaleresque des combats journaliers dont ce pays était le théâtre. Une tour, reste d'un donjon du treizième siècle, a été conservée ; vous la voyez à mi-coteau, avec son noir enduit, parchemin des vieux temps. De prison qu'elle fut, la rude tour est devenue l'humble, mais agréable habitation de M. Rabatel, curé, qui offre une charmante promenade que son gracieux accueil rend accessible aux étrangers. Près de la tour, toujours à mi-coteau, à droite de la Grotte, s'élève l'église paroissiale. Ce monument, malgré la simplicité de son ordonnance, qui paraît remonter au douzième siècle, mérite l'attention de l'archéologue. Dénué de tout ornement de sculpture, l'arc à plein cintre y domine partout, excepté dans les deux chapelles construites, au seizième siècle, sur les deux côtés du chœur. Celle de gauche conserve encore la dénomination de chapelle d'Amblérieux, dont il sera question plus bas, et l'autre a dû appartenir aux seigneurs de Boulieu, représentant, en 1789, la féodalité expirante.

Le dernier monument à citer à la Balme est le pignon d'une maison du treizième siècle, qu'on voit dans la rue principale, sombre au dehors, proprette au dedans. Sa façade est décorée d'une fenêtre à baie géminée ; un arc-boutant soutient l'un de ses angles. Le charme de cette habitation se complète par une promenade alpestre à travers un petit bois où serpente une allée fleurie par la nature et l'art. Voyageurs et touristes y trouveront toujours un accès hospitalier : ils y jouiront de l'ombrage, d'un point de vue d'ensemble qui embrasse une plaine immense aboutissant à Meximieux dans la Bresse. Sur une terrasse attenant au premier étage, d'où l'on découvre, au midi, jusqu'au mont Pilat, par un contraste heureux du monde ancien et du monde nouveau, on voit la villa de Mme la baronne de Drujon, bâtie sur le sol du vieux château des seigneurs de Boulieu, coquettement transformé, avec un verdoyant entourage de prés fleuris, de champs, de belles plantations : grains, fruits, raisins. Bacchus, Cérès, Pomone — dirait-on en vieux style — étalent leurs précieux dons dans le clos de Mme de Drujon.

Deux monuments importants vont compléter les souvenirs historiques qu'offre la Balme. Le premier est le monastère de l'ancienne chartreuse de Salette, fondé, en 1299, par le dauphin Humbert Ier, la dauphine Anne, son épouse, et Jean, son fils, qui la dotèrent du territoire des Bermundières. Six prêtres et trente religieuses y furent établis. Cette maison porta d'abord le nom de Cours-Sainte-Marie ; l'archevêque de Vienne, Guillaume de Valence, confirma cette fondation. Les libéralités de Humbert II enrichirent encore cet asile religieux. Henri, baron de Montauban, oncle du dauphin, par une réminiscence du chevalier Renaud du même nom, voulut avoir son tombeau dans le monastère, et lui légua, entr'autres, ses deux chevaux de bataille, appelés, dans son testament, *Lyard* et *Bayard* (1), ainsi que son équipage de guerre. On se demande ce que durent faire les recluses de ces nobles coursiers?

Le parcours de la Balme à Salette forme la plus agréable promenade; on y arrive par une large avenue d'arbres séculaires. Le grand portail est décoré d'un attique richement orné, au-dessous duquel on lit une inscription dédicatoire, séparée en deux parties par un écusson mutilé.

Voici la traduction de cette inscription latine :

« *Au sauveur Jésus-Christ, époux des Vierges, et à la*
« *divine Marie qui protége de sa puissance cette demeure*
« *des Vierges sacrées à elle dédiée, l'a fait progresser sous*
« *son patronage, et, au siècle présent, l'a magnifiquement*
« *augmentée et illustrée de nouveaux édifices.* — 1660. »

Cette situation de Salette sur les bords du Rhône est une des plus agréables de ce littoral; si l'on se

(1) Tous ces détails et ceux qui vont suivre ont été recueillis et nettement rappelés par M. Teste. En latin, *Lyardus* désigne un cheval gris pommelé, et *Bayardus* ou *Baius*, un cheval bai.

retourne vers la Balme, on a sous les yeux les roches majestueuses dont l'aspect donne l'idée d'inexpugnables forteresses, et le majestueux portique de la Grotte se dessine nettement.

L'église, complétement ruinée, est de l'époque même de la fondation du monastère (1299). Elle ne se composait que d'une seule nef à cinq travées, éclairée par des fenêtres en lancettes. Les restes de la voûte ogivale peuvent faire juger de la grâce de cette construction, qui reçut, au dix-septième siècle, des modifications considérables. Cette position de Salette sur le Rhône, en face du village de Proulieu (Ain), est des plus agréables par ses ombrages, ses prés et les cours d'eau vive qui s'y donnent rendez-vous des coteaux de la Balme.

On ne saurait quitter ce village sans aller saluer, à deux kilomètres environ, le vaste manoir d'Amblérieu. C'est du territoire de la Balme qu'une très-ancienne famille du Dauphiné avait reçu le nom de *La Balme-Optevoz*, mentionné dans le nobiliaire de Chorier. Ses armoiries portaient : de gueule à trois pals d'or, à la fasce de sable brochant sur le tout. Ces armoiries se voient encore sculptées sur le grand escalier du château; ses machicoulis et ses tourelles ont passé sous le niveau révolutionnaire, mais on peut encore, par ses nobles ruines, se faire une idée de l'opulence de la famille qui se bâtit, au seizième siècle, cette demeure dans un site si gracieux (1). Combien, en voyant l'abandon de ces grands et beaux domaines, on regrette l'absence des propriétaires que Sully, le grand ministre de ce roi qu'illustre le vœu de *la poule au pot*, renvoyait de la cour dans les champs pour les féconder et répandre l'abondance autour d'eux. Le produit de la terre se consommait alors sur les lieux mêmes, et n'allait pas enrichir les artisans des villes, ces gouffres absorbants qui ne rendent rien aux campagnes des sucs reproducteurs qu'épuise le luxe.

Plaines, coteaux, vallées, bois, ruisseaux, frais ombrages, belles routes, voisinage du Rhône, doux climat, produits variés, rien ne manque à la Balme pour en faire un lieu de prédilection. La moyenne propriété, les petits capitaux trouveraient à bon marché la facilité d'y ériger d'agréables habitations dans un pays où la pierre, le bois, le sable, la chaux, la main-d'œuvre permettent de produire plus avec moins. Des terrains, en face de la Grotte, n'attendent que de médiocres intelligences pour se transformer en une rue, où, dans la belle saison, les maisons auraient une animation, un charme, un agrément qu'on ne trouve pas dans le voisinage des

(1) Une particularité anecdotique se rattache à ce château : la femme en premières noces du président de Portes d'Amblérieux fut, depuis, la veuve d'un roi de Pologne, d'un prétendant en disponibilité.

grandes villes, d'où la vapeur, les usines chassent le bourgeois qui, après avoir, toute sa vie, rêvé la campagne et s'y être établi, n'a finalement quitté la ville que pour être acculé dans un faubourg entre une taverne et un marchand de bric-à-brac.

En revenant d'Amblérieux, on voit, sur le coteau, une chapelle, qu'au seizième siècle, après la peste noire qui ravageait ces contrées, les habitants de Parmilieu, Vertrieux, unis à ceux de la Balme, érigèrent à un héros du genre humain. Ici parle encore la pierre par un monument de gratitude envers un bienfaiteur béatifié, saint Roch, dont les vertus brillèrent en France, en Italie. Partout la pierre parle: les Gaulois l'adoraient brute et la plantaient comme un autel, sous le nom de *Peulvans*, *Dolmens*, et, de nos jours, dans nos temples catholiques, le saint sacrifice ne peut s'exercer que sur la pierre sacrée que consacrent les évêques. De cette humble chapelle on jouit d'un coup d'œil admirable; cet ex-voto de la gratitude populaire tombe en ruines, et ces ruines ont été l'objet d'une malheureuse convoitise; le sentiment qui les a défendues saura les relever. Déjà l'apparition du choléra a produit son effet rétroactif, et saint Roch reçoit de plus fréquentes prières.

« Toujours l'homme est de feu quand l'espérance luit;
« La peur bâtit le temple et l'ingrat le détruit. »

Nous ne reviendrons plus sur les monuments de

la Balme.; que le touriste veuille bien aujourd'hui nous suivre dans les excursions agréables qu'offrent les environs, où de nouveaux tableaux d'histoire animée les attendent. Que si parmi les curieux voyageurs il se trouve des botanistes, leur pied touche les Alpes, qu'ils gravissent les coteaux qui servent de voûte à la Grotte et les voilà tout à coup entourés de plantes qu'on va chercher si loin; en un clin-d'œil ils passent de la région des plaines à celle des montagnes boisées, fertiles, richement cultivées, et que n'attristent pas encore les noirs, les éternels sapins de l'Helvétie, parfois si monotone dans sa verdure trop vantée.

Le touriste qui, des entrailles de la Grotte, gravirait sans transition les coteaux qui la couvrent, passerait tout à coup du règne minéral, des sombres lieux, au règne végétal, aux plantes, aux fleurs, richesse, ornement de la terre. La botanique a sa géographie, ses latitudes, que le site privilégié de la Balme fait renaître si heureusement. J'ai désiré joindre à mon opuscule la nomenclature des diverses plantes qu'on peut, sur ces coteaux, reconnaître, recueillir et classer. Que M. Silvain Guichard, de Crémieu, veuille bien agréer mes remerciements de m'avoir permis de remplir cette tâche en me communiquant la note qu'on trouvera à la fin de cet ouvrage.

En se plaçant sur le point le plus élevé de la première assise des Alpes, un horizon immense, un indescriptible tableau vient éblouir les yeux, vaste panorama de plaines, de montagnes, variété de vues suivant les saisons et les accidents de lumière dont la plume la plus exercée ne saurait peindre et fixer l'impression fugitive. A l'orient, surgissent les montagnes neigeuses de la Savoie; au midi, dans un lointain brumeux, apparaît le mont Pilat, le géant des Cévennes; au couchant, se dessinent les plateaux de la Bresse et les montagnes du Beaujolais; au nord, sur le versant d'un coteau chargé de vignes, on voit distinctement une ville où l'on distingue une élégante tourelle (1) : c'est Lagnieu,

« Un pays de Cocagne, une urne d'abondance,
« Où la grappe et l'épi font vivre dans l'aisance;
« Marché régulateur, où chaque campagnard
« S'abreuve de bon vin, et, parfois, rentre tard. »

Lagnieu et ses environs sont un but d'excursion qu'inspire le paysage où cette ville est heureusement assise. Une scène historique, un souvenir de l'existence féodale et guerrière du moyen âge va s'offrir maintenant sur les plus hautes roches de la Balme où nous engageons le touriste à se placer alternativement pour varier ses impressions : du point culminant de ce coteau d'où l'on découvre, au delà du Rhône, les montagnes de la Savoie, les contours du fleuve dessinent une espèce de triangle.

(1) Cette tourelle appartient à Mme de Maupas.

En tirant une ligne droite de Vernas à Quirieu, et prenant Vertrieu pour le troisième point de cette figure topographique, vous êtes sur un champ-clos de combats entre les souverainetés féodales, envieuses, haineuses, avec leurs intérêts, leurs passions ardentes, en face d'un voisin habile autant que valeureux, toujours prêt à s'élancer de ses hautes montagnes sur les terres dauphinoises. Parcourez le pays, comptez les châteaux forts; chacun d'eux forme un petit état avec ses alliances, ses devoirs féodaux, ses hommes d'armes et ses serfs armés qu'on appellait dérisoirement *piétaille*, et d'où devait sortir, une palme à la main, le grenadier français! Imaginez maintenant un conflit où figurerait l'abbé de Saint-Chef, en personne, guerroyant avec les seigneuries voisines, conflits, gages de bataille, chevaliers en selle, lance en arrêt, écuyers, varlets, bannières déployées, se provoquant à outrance; cris de guerre, de combats, de victoire: *Saint-Denis! Montjoie! aidez, aidez! à la recousse, à la recousse, à la recousse! Noël, Noël!* choc d'armures retentissantes, du sang, partout du sang rougissant l'épi, des moissons foulées par la rage guerrière, et vous aurez une juste idée de ces temps où l'individualisme féodal, souverain armé, n'avait ni trêve, ni repos. Dans ce champ clos que je vous montre il n'est point de localité où l'on ne trouve une tombe, une armure, un témoignage de l'état social d'une époque marquée par d'implacables conflits et de sublimes dévouements. Dans les voies providentielles l'épée chevaleresque protégea la croix, et la croix, c'est la civilisation tout entière. Les barbares errants, en se fixant dans leurs châteaux, en se rendant maîtres de tout, durent, par le sens commun de l'intérêt, protéger efficacement leurs vassaux, en écarter les exacteurs et les mauvais conseils; ils n'auraient certainement pas souffert qu'on énervât les forces de l'enfance. Leur sollicitude était telle que, pour fixer les habitants dans leurs terres, ils diminuaient les mesures carlovingiennes servant au règlement des redevances, ce qu'attestent des ordonnances royales du neuvième siècle. Il est historique que, sous la féodalité du bon roi Réné, des comtes de Champagne et de Flandre, les populations étaient moins foulées qu'elles ne le sont journellement par l'abus des nécessités. Est-ce à dire qu'il faille préconiser l'empire de la force? A Dieu ne plaise! L'esprit, le droit ont vaincu et toujours vaincront l'erreur de la puissance absolue plus facilement que l'odieux abus de la ruse exploitant la faiblesse. Un proverbe de l'époque résumera la question historique :

« De noble apauvri Dieu nous gard,
« Et de croquant passé richard. »

Quoique d'anciens noms se prévalent encore du titre de barons voleurs, ils étaient certainement plus rares qu'on ne pense. Chacun veillait chez soi, mais gare aux marchands soumis à la douane du bon plaisir de certains seigneurs terriens. Il y eut longtemps ce qu'on appelait des gentilshommes à *la mordieu*, et d'autres nommés *loups-garous*, des jureurs, des batailleurs, du reste toujours prêts à verser leur sang pour leur pays : d'Artagnan et les Mousquetaires en ont été, en France, les derniers représentants. Quant aux *croquants passés richards*, qui ne battent personne et ne servent personne,

« Scribes, pharisiens, cancres et cœtera,
« Quel Hercule nouveau nous en délivrera ! ».

La marche de nos excursions devait, dans ce pays éminemment historique et chevaleresque, nous obliger à des haltes en face des vieux châteaux dont le pays est parsemé. Par sa situation à pic surplombant à une grande hauteur, le vieux manoir de Brotel, avec son caractère menaçant, semble braver toute la contrée; on aurait probablement pu donner à sa plus haute tour l'épithète de *Quicangroigne*, que portait la plus forte tour de Bourbon-l'Archambaut, dans le département de l'Allier. Tour menaçante et magistrale, véritable nid d'aigle, Brotel et sa magnifique position impriment et fixent l'idée de la toute-puissance féodale. Pour se rendre de la Balme à Brotel, commune de Saint-Bodil, le touriste ferait bien de passer par Hyères en jetant un coup d'œil sur le manoir des anciens seigneurs de la Poipe, dont l'un, ainsi qu'on l'a déjà dit, fut, au siècle dernier, explorateur du lac de la Grotte, qu'on n'avait plus abordé depuis François Ier. Le territoire d'Hyères offrirait, d'ailleurs, au botaniste l'occasion d'enrichir son herbier des plantes indiquées dans la notice jointe à cet opuscule. Des restes encore imposants témoignent de la puissance de Brotel :

« Salle d'armes fort vaste, un donjon et des tours...
« Qu'y fait-on aujourd'hui? Du satin, du velours. »

Instabilité des choses humaines! Que faisait-on à Paris sous les voûtes du palais des Césars, maîtres du monde, avant que la ville n'achetât les restes de ce monument?

« Un joyeux artisan, à grands coups de marteau,
« Chantait un vaudeville en cerclant son tonneau. »

A Brotel, avec le droit de haute et basse justice, on fouettait, on pendait. Le juge doutait-il?

« On ouvrait un champ clos et, d'estoc et de taille,
« La force décidait par le droit de bataille. »

Et le droit était-il aussi aveugle qu'on pourrait le penser? D'où vient la force, d'où vient la vaillance? Du cœur. Et le cœur, qui l'anime? Le sentiment, un pur instinct.

« Alors régnait la foi qui garantit l'honneur,
« Et l'infâme parjure à tous faisait horreur. »

L'épreuve par le sang, chose horrible! s'appelait

le jugement de Dieu, suprême jugement que toute âme honnête invoque cent fois dans les détresses de la vie. On croyait à la mystique manifestation du droit, à l'éclat resplendissant de la vérité, on croyait à ce divin entraînement qui précipite le guerrier dans la gloire, et d'ailleurs :

« Le hasard du combat offrait-il moins de chance
« Que celle de l'erreur dictant une sentence?
« Ne valait-il pas mieux se servir de l'acier
« Que d'être assassiné par des exploits d'huissier? »

Telle était l'opinion de cette époque. Pauvre humanité! Quel paradoxe, quel problème réveille la terrasse du château de Brotel (1)!

Une nouvelle excursion nous ramène à la Balme d'où nous allons monter à Parmilieu, village alpestre, pour jouir de nouveau du vaste panorama de cette position orientale; sol fécondé par de robustes laboureurs traçant leurs rudes sillons à travers les roches abruptes. Pour un ami des hommes, Parmilieu inspire le respect qu'on doit aux sueurs intelligentes. Par une inclinaison au nord, on aborde l'antique forêt de Serverin, sombre et mystique forêt où le druide, avec ses ciseaux d'or, allait, sur les chênes séculaires, cueillir le *gui neuf*, emblème religieux de force et de durée, qui

(1) Nous engageons ceux de nos lecteurs qui n'ont [illegible]s lu le *Pèlerinage en Suisse*, par M. Veuillot, de consulter une pa[illegible]nte légende où se manifeste la croyance à la force du droit dans le duel judiciaire.

se distribuait au commencement de l'année, antique coutume dont le souvenir est conservé par une espèce d'adage : *au gui l'an neuf* (1). Il y a, dans le parcours d'une majestueuse forêt, un recueillement, un profond retour sur soi-même ; toujours à notre insu, les lieux réagissent sur nous : un rayon de lumière annonce-t-il la sortie d'une sombre retraite, le cœur se dilate, et il s'épanouit, en quittant Serverin, à la splendide vue de Saint-Sorlin. Ici, sans transition, on passe d'un sombre lieu aux étincelantes beautés d'un passage aussi riche qu'il est brillant. Au delà du Rhône rapide, le coteau de Bramafaim, le vieux château qu'on y voit, un riche vignoble, une église située sur les hauts lieux, le pittoresque Molard dominateur de cette admirable position, où, par un grandiose contraste, les Alpes posent en face pour compléter les agréments qu'offre le manoir hospitalier de M. Crozet de la Fay. Par un second contraste, non moins heureux, en face du Molard se montre la moderne et gracieuse villa de M. de Jonage ; devant elle, au delà du Rhône, se pose noblement un château du dix-septième siècle. Ainsi, sur une même ligne, par l'antique Molard, la villa Jonage et le château de M. de la Rouillière, le moyen

(1) L'auteur de cette rapide notice a, dans son enfance, mangé le gâteau qui, autrefois, accompagnait le *gui neuf*, et désigné par le mot *beugnon*. L'enfant, à la fête de Noël, trouvait ce gâteau sous son oreiller.

âge, le grand siècle de Louis XIV, et le confortable, l'élégance de notre époque, se trouvent caractérisés sous vos yeux. Là ne s'arrête pas la richesse de l'historique et pittoresque tableau qu'on se plaît à vous indiquer ici.

De la forêt de Serverin descendez à Vertrieux, site charmant et culture modèle autant que variée. Là se montre un vieux château fort, le mieux conservé des environs ; il n'y manque presque que la herse et le gardien prêt à sonner du cor (1). Voilà bien un vrai, un rude manoir ! Son aspect bannit toute idée de mollesse pour ne montrer que la force belligérante à l'encontre de tout venant. Alors l'existence châtelaine était une continuelle activité de l'âme, du cœur et du bras : croyance, amour, tournois, chasse, combats, passes d'armes ; point de vide, de fade somnolence, de vulgaires cupidités, de vaniteuses prétentions ; partout le franc palais d'honneur et le champ du devoir, à tout risque et péril, sans espoir de récompense !

Touristes, qui m'accompagnez en face du manoir de Vertrieu, cette peinture, peut-être, vous semblera forcée ; comment la justifier, comment pénétrer le sentiment intime qui fait agir l'homme dans un temps donné, suivant la position que le siècle lui

(1) Ce château, en bon état de conservation, appartient à M. de la Rouillière, du chef de M. Battéon de Vertrieu, son grand-père.

fait? Par la littérature d'une époque, par l'adhésion, le choix, l'éclectisme du lecteur. Mais quels étaient alors les livres les plus caractéristiques des mœurs? Des romans. Quoi des romans pour faire une espèce d'histoire de mœurs!....

« Comment, me direz-vous, de fades balivernes,
« Que Panurge entendit dans l'île des Lanternes,
« Des mœurs, des sentiments, forment le vrai tableau?
« Cette prétention n'est pas un fait nouveau,
« Et, sans aller si loin, notre écrivaillerie
« Des troubles de nos temps démontrent la folie. »

Je pose en fait que celui qui lirait, *avec perspicacité*, les romans de ces siècles qu'on a dit barbares, en deviendrait meilleur, qu'il détesterait bientôt l'égoïsme et le mensonge. La foi, l'épée, la droiture, la fidélité dans les engagements du cœur, la loyauté politique, tout marche vers un seul but dans les livres qui, pendant les veillées d'hiver, récréaient les châteaux. Prenez, par exemple, dans les grandes chroniques, « la *très-élégante, délicieuse, melliflue* et « très-plaisante histoire du très-noble, *victorieux et « excellentissime* roi *Perce-Forest*, fondateur *du franc « palais et* DU TEMPLE DU SOUVERAIN DIEU, *en laquelle « histoire le lecteur pourra voir la source et décoration « de toute chevalerie, culture de vraie noblesse, prouesses et conquêtes infinies.* » Lisez l'histoire de Gérard de Nevers et de la belle Euriante de Savoie, sa mie; feuilletez la chronique de la fée Mélusine et de son fils

Geoffroy à la grand-dent, lisez le *Roman de la Rose*, le *Blason d'Amour*, et vous y recueillerez, sous la forme la plus naïve, les aspirations du pur dévouement, de l'honneur parfait et des maximes propres à la conduite des hommes et des gouvernements.

« Fuyez l'orgueil, disait Perce-Forêt à ses preux; soyez sim-
« ples, doux, débonnaires, sages et discrets. Un preudhomme,
« voulant me chastier de mes vices, m'apprinst autrefois que
« chevalier doit ressembler à une pucelle; car la pucelle est
« simple et coie, honneste en dicts et en faits, douce et pi-
« teuse envers les bons, fière et âpre envers ceux qui villenye
« lui requièrent. »

Avec de simples extraits des livres de chevalerie on ferait un code d'honnêteté: noblesse et gentillesse refleuriraient bientôt, et, pour le bonheur du genre humain, les méchants seraient contenus, les faibles soutenus et les malheureux consolés. Pour notre dernière excursion, je vais, à une petite distance de la Balme, conduire le touriste, avide d'instruction, dans une cité moyen âge, telle qu'il en existe encore peu dans notre vieille Europe transformée par le marteau démolisseur du temps. Suivez-moi, prenez votre album, vos crayons, vos pinceaux, je vous conduis dans une ville dont la célébrité remonte au neuvième siècle, ville franque et non d'origine romaine, ville chevaleresque, ville d'état, cité carlovingienne, près de laquelle les descendants de Charles Martel eurent un franc palais, rendez-vous des guerriers de la Table-Ronde, ville historique, où, dès l'an 835, sous Louis-le-Débonnaire, se débattit, se régla un différend entre l'Empire et les archevêques de Vienne et de Lyon. Suivez-moi, et sur un coteau au nord de la ville de *Crémieu*, appelé mont *Damoisin*, vous reconnaîtrez à fleur de terre les lignes nettement marquées d'un immense parallélogramme, flanqué à ses angles de quatre énormes tours (1). Voilà bien le caractère monumental et militaire d'un siècle qui précéda les croisades; voici bien une ville d'un haut intérêt historique; elle n'a rien de romain, rien de spécialement sacerdotal, rien du caractère municipal des cités du moyen âge, rien de mercantile. Si déchue qu'elle soit, cette ville de Crémieu conserve l'empreinte séculaire d'une résidence souveraine, d'un centre de puissance; on y sent quelque chose qui ressemble à des résidences princières de troisième ordre, en Allemagne. Au premier aspect de ses portes, de ses remparts, de sa vaste halle, de ses rues, des habitations où règnent le calme et l'aisance, Crémieu offre dans son ensemble la physionomie surannée d'un siècle dont les traces s'effacent. La ville est petite, et, cependant, elle ne ressemble pas à ce qu'on appelle vul-

(1) Sur une pareille donnée, n'est-on pas autorisé à croire que là fut le palais impérial où fut daté *ex palatio nostro* PROPÈ *Cremiacum*, *le trop fameux partage* du royaume entre Louis-le-Débonnaire et ses fils. Où trouver en France des ruines plus vénérables de l'origine de notre monarchie?

gairement une petite ville; on sent qu'elle fut, qu'elle est encore une localité spéciale de loisir, de recueillement, et qu'enfin cette ville porte encore noblement le caractère de son origine et les témoignages de son histoire. Fière de ses souvenirs, on s'y rappelle le passage de Charles VIII, faible de corps, faible d'esprit, mais vaillant par le cœur, lorsqu'il s'apprêtait à traverser les Alpes, allant faire briller à Naples sa belle armée dans les jeux, les tournois, après avoir parcouru triomphalement l'Italie étonnée, stupéfaite, et toujours rongeant son frein, fière de sa beauté, humiliée de sa faiblesse.

Le roi chevalier tint, à Crémieu, sa cour pendant un mois, et c'est probablement de cette ville qu'il chevaucha pour venir à la Balme visiter la Grotte. Quelle animation dut offrir, à ces deux époques, la cité carlovingienne avec ses remparts et cette architecture romane qu'elle montre encore aux étrangers avec un juste orgueil. A l'ouest, sur une pointe de rocher, se montre le vieux château delphinal, et, par un pittoresque contraste, sur la pente opposée, on aperçoit les vénérables restes d'une abbaye de Bénédictins fondée au septième siècle. L'œil se fixe ensuite sur une tour d'enceinte qui semble suspendue sur la ville, et d'où l'horloge communale marque les heures qui s'écoulent dans l'éternité. Placez-vous alternativement sur l'une et l'autre de ces sommités: quel vaste paysage et quel panorama, quel entourage de châteaux, de tourelles soumises à la domination du donjon souverain, magnifique tableau de la nature et de l'histoire, que les révolutions et le temps ne peuvent enlever à la riche situation de Crémieu. Quel voyageur, quel touriste pourra jamais visiter la grotte de la Balme sans compléter son excursion par une promenade dans l'*hospitalière* cité de Crémieu, rendez-vous annuel des artistes, des archéologues, des écrivains sérieux, jaloux de s'impressionner par la contemplation effective d'une époque dont les traces, éparses ailleurs, s'offrent là dans un ensemble saisissant et démonstratif.

Une dernière particularité, qui ne peut manquer de piquer la curiosité, c'est l'origine locale du type monétaire le plus répandu, le plus répété, le plus cher aux pauvres, aux petits enfants, l'instrument le plus abondant de la charité, le *liard*, qui a pris naissance à Crémieu pour régner en France depuis 1430 jusqu'à ce que le *centime* soit venu le remplacer. Deux grandes époques sont caractérisées par ces monnaies populaires : avec le liard dauphinois s'ouvrit une ère nouvelle de civilisation, de renaissance des lettres et des arts ; avec le *centime* apparaît un monde nouveau avec de nouvelles destinées pour les peuples, liés et reliés par le ciment de l'intérêt.

« Le *liard* était français et son cours limité ;
« Le *centime*, aujourd'hui principe d'unité,

« Devient régulateur de toute la finance,
« Et dans notre univers proclamera la France. »

Cette origine du liard, qui donne à Crémieu une certaine célébrité, veut sa justification, que je puise dans les étymologies de la langue française (1): sur la foi des écrivains du seizième siècle, on attribue, comme *certaine*, la première émission de cette monnaie, en 1430, à *Guigues Liard, de Crémieux en Viennois*; de là le nom propre du monnayeur appliqué à son œuvre. Le liard n'eut d'abord cours que dans le Dauphiné, mais le roi Louis XI étant parvenu à la couronne, rendit cette monnaie commune à tout le royaume en conservant le nom de l'inventeur (2).

Cette particularité historique ne se trouvera pas déplacée dans les tableaux qu'on vient de tracer avec la pensée de donner à la Balme, à sa merveilleuse grotte, *à ses chapelles uniques au monde*, à toute cette contrée brillante d'aspect, riche de souvenirs, la célébrité, l'illustration qui leur appartient et qui n'attend qu'un cadre plus grand et mieux rempli pour

(1) Voir *Mélanges d'une grande Bibliothèque*, 10e partie, page 179; Paris, 1781, chez Moutard, imprimeur libraire.

(2) Il est certain qu'au commencement du quinzième siècle, le directeur de la monnaie, à Crémieu, était un nommé *Liandelle*. Dans *les preuves de l'Histoire du Dauphiné*, de Valbonnais a trouvé une pièce qui porte ce titre : *Computum Liandelli monetarum magistri apud Cremiacum*. (Note communiquée.)

appeler sur le Dauphiné l'attention que la littérature et les arts ont disséminée sur des lieux moins propres à exciter des talents vrais, nourris dans l'étude, impressionnés par des sentiments profonds, largement, nettement exprimés.

Un tableau d'actualité va terminer notre opuscule. Par une belle journée d'été, la vapeur vient d'amener à la Balme une émigration lyonnaise, qu'à l'issue de la messe les habitants du village, rangés en haie, comptent, examinent et critiquent silencieusement.

Cette irruption lyonnaise, en train de plaisir, fait événement dans un village, et l'observateur se complaît à saisir le contraste d'une population active, énergique, intelligente, riche, qui, tout-à-coup, se trouve en regard avec l'habitant des campagnes qu'éblouit, qu'écrase, qu'émeut, sans qu'il le témoigne, le luxe de la ville. Entre ces deux grandes divisions sociales que se passe-t-il intérieurement quand elles se trouvent en présence devant la Grotte? Par une double erreur, le bourgeois, en général, dédaigne le paysan, et celui-ci, malin, narquois, voudrait être à sa place. Un peu de raison les mettrait d'accord, et même les lierait. On peut dire au bourgeois :

« Qu'un laboureur, à sa charrue,
« Vaut bien un marchand dans la rue :
« L'un est toujours maître chez soi,
« Personne ne lui fait la loi.

« Travaillant avec la nature,
» Il fait sa propre nourriture,
« Et n'attend pas, dans sa boutique,
« Le bon vouloir de la pratique. »

A l'envieux paysan, à qui la meilleure part est dévolue, on déclare que sans l'argent de la ville, sans le commerce et la navigation, sans toutes les ressources de l'industrie, il languirait dans la misère et sans secours quand la récolte manque!... Pour l'étranger, l'artiste visiteur de la Grotte, pour l'homme de bien, il n'y a ni paysan, ni bourgeois; se trouve-t-il à la Balme quand Lyon y arrive en masse, il paye son tribut de gratitude que chacun doit aux premiers dessinateurs du monde, et à ces habiles fabricants

« Dont l'art inimitable et le fécond génie
« Enfantent les tissus que tout le monde envie;
« Des rois, des potentats, ils ornent les palais,
« Et le temple chrétien, de bannière, de dais.
« Par des fils combinés, par un savant prestige,
« De fleurs et de tableaux s'opère le prodige,
« Et par l'échange heureux de leurs produits divers,
« Imposent un tribut à ce vaste univers. »

Ce goût lyonnais, si pur, si propre à caractériser l'élégance, ne se dément pas dans la mise générale; les mœurs font les modes, et l'élégance est toujours une marque de jugement. Mais à côté d'irréprochables toilettes, que de bizarreries! A quelles excentricités peut conduire le désir de se distinguer, de paraître ce qu'on n'est pas! Soyons ce que nous sommes : chacun pris dans son air est bien.

La sortie de la Grotte offre à l'observateur le tableau des diverses impressions que produit cette souterraine excursion, surtout quand une grande masse de visiteurs s'anime en parcourant les sinuosités de cet antre si favorable aux illusions de l'esprit, aux élans de l'imagination. Il semble qu'en sortant de cet empire des ténèbres on doit intéresser par quelque narration, ou, du moins, laisser une trace de son passage sur le registre des visiteurs ouvert chez le fermier de la Grotte.

« L'un veut noircir l'album en style romantique;
« Un autre y déposer un mot philosophique;
« Un troisième prétend que son impression
« Obtiendra les honneurs de l'illustration (1),
« Et je vois arriver un joyeux goguenard
« Pour y risquer un mot sottement égrillard. »

Un dernier, un touchant tableau de la Grotte vient se placer à la fin de cet opuscule. Gravissez l'escalier aérien qui conduit aux chapelles consacrées : la première au culte de Marie, la seconde à Saint-Jean, et dans laquelle on descend comme dans une crypte.

(1) Quelle bonne fortune pour la Balme si les dessinateurs de ce célèbre recueil consacraient leur talent à ce monument unique et si digne de leur crayon!

Là s'offre le touchant spectacle d'un pieux recueillement et des émotions de la prière silencieuse, voix de l'âme invoquant le Ciel ! Là se ressentent et s'expriment la douleur, l'espoir, la résignation, le dévouement; là se reflètent sur la physionomie des pèlerins, des affligés, les plus purs, les plus sublimes sentiments. Pour l'observateur, pour le peintre, la prière est le portrait de l'âme imprimé par les émotions les plus intimes, et, réellement,

« L'homme au pied des autels est seul avec son cœur;
« Sa face devant Dieu n'a point d'aspect trompeur.
« Quand la souffrance émeut, quand l'âme pleure et prie,
« Le plus grand des menteurs perd son effronterie. »

Il y a des douleurs, des déchirements tels, qu'on pourrait entendre les battements du cœur d'une mère implorant la guérison de son enfant.

« Souvenir précieux ! dans une *sainte case* (1),
« D'un espoir tout divin j'ai partagé l'extase :
« D'une femme aux abois j'ai vu briller les yeux,
« Exprimant le bonheur qui descendait des cieux. »

Incrédules, dirai-je, allez où l'on prie, où l'on se console, où l'on espère, et si votre cœur n'est point pétrifié, pour vous s'ouvrira la source la plus pure, la plus abondante des divines compensations qu'offre la religion au malheur.

(1) A Lorette, l'Italienne exaltée prie tout haut.

C'est par cette scène intérieure de l'oratoire de *Notre-Dame-de-la-Grotte* que se termine ici la tâche que je m'étais imposée par un pieux, par un patriotique devoir. Aurai-je atteint mon but d'intéresser, et, peut-être, si le Ciel m'accordait cette grâce, d'étendre la célébrité de cette merveille du Dauphiné trop peu connue, d'appeler la prospérité sur le lieu où le destin m'a conduit pour y déposer ma poussière octogénaire? Heureux! trois fois heureux! d'avoir, par mes instances et mes faibles efforts, fait cesser le délaissement d'un monument unique au monde par son site, par son antiquité qui remonte au premier âge de la population de ces belles contrées, où les Alpes et le Rhône se suivent, se cotoyent! Religieux monument où le druidisme, le paganisme ont eu leurs autels, monument catholique *restauré pour des siècles,* monument où, depuis plus de mille ans, on invoque la divine Mère du genre humain, qu'elle protège, console, civilise, en inspirant la plus féconde des vertus: la charité, l'active expansion du cœur! Quelle grâce le destin m'a faite, quelle fortune le sort m'a léguée d'avoir pu faiblement esquisser la série de tableaux que comportait un si riche sujet!

Un dernier, un pénible dévoûment m'est imposé: le Gouvernement, en réservant pour les grandes cathédrales les ressources applicables aux monuments historiques, a délaissé, pour cause d'humilité architecturale, l'un des plus historiques oratoires de France, et quel qu'ait été le bon vouloir de la commune de la Balme, la Fabrique, que je préside, est demeurée chargée de dépenses pour le paiement desquelles il n'y a de ressources que dans les sentiments que nous invoquons avec confiance, forcés que nous sommes par la plus impérieuse des lois, celle de la nécessité, de faire ici un appel collectif au clergé, à l'administration civile, au patriotisme dauphinois, aux communes affiliées à la chapelle par un pèlerinage annuel, à l'antique et bienveillante cité de Crémieu, à tous les pieux et bons vouloirs, de venir en aide et secours à la chapelle de la Grotte. Particulièrement je m'adresse aux dames qui recevront ou liront cet opuscule; elles ne refuseront pas au temple de Marie le faible secours de leur épargne. *Rien n'est rien; un peu aide et plusieurs peu font quelque chose.*

Après ces franches déclarations,

« On ne me dira pas qu'en écrivain vulgaire,
« De l'œuvre que je fais je demande salaire,
« Et que, sous le manteau d'un famélique auteur,
« Se cachait le dessein d'un perfide quêteur.
« Pour servir son pays, une plume morale
« N'a rien qui ne soit pur, et jamais n'est vénale. »

FIN.

APPENDICE.

LA FLORE DE LA BALME.

Rien de plus riche et, en même temps, de plus varié que le territoire de la Balme. Quel fertile champ d'exploration pour le botaniste ! La longue nomenclature des plantes qui croissent dans ses bois, sur ses rochers et ses pelouses, formerait un volume. Forcé par les limites que nous nous sommes imposées de faire un choix parmi tant de richesses, nous ne citerons que quelques espèces prises à peu près au hasard, et dont quelques-unes même n'ont été encore signalées qu'à la Balme ou dans ses environs immédiats.

Et, d'abord, à la Balme même, sur les ruines si pittoresques des tours et remparts du vieux château des Dauphins, on trouvera :

Arabis alpina,
Arabis muralis,
Hutchinsia petræa,
Dianthus carisophylloides,
Saponaria ocymoides,
Geranium lucidum, etc.

Dans les taillis et les bois au-dessus de la Grotte,

Aconytum lycothonum,
Isopirum thalicthroides,

Turritis glabra,
Rhamnus villarsii jord.,
Cytisus labarnum,
Cytisus capitatus,
Trifolium rubens,
Trifolium alpestre,
Gallium myrianthum,
Knautia timoriy,
Hypochœris maculata,
Digitalis parviflora,
Daphne laureola,
Lilium Martago,
Serapis latifolia,
Epipactis atrorubens,
Erythronium deus canis,
Carex alba.

Dans les anfractuosités des rochers, sur leurs arêtes, on récoltera les espèces suivantes :

Draba aïzoïdes,
Lactuca perennis,
Hieracium saxatanœum,
Icleria cœrulea,
Leontodon crispum,
Stipa pennata,
Arenaria fasciculata.

Sur les pelouses et pàturages au-dessus des rochers :

Anemone montana,
Polygala comosa,
Inula montana,
Mœrhingia muscosa,
Onobrychis rosea,

Fragaria collina,
Buplevrum aristatum,
Gallium corrudœfolium,
Scabiosa suaveolens,
Convolvulus cantabrica,
Allium pulchellum, etc.

Dans les communes limitrophes, à Parmilieu, on trouvera :

Poa badensis,
Crepis nicæensis, etc.

A Hières :

Bisentella lavigate,
Peucedanum alsaticum,
Athamantha cretensis,
Centrantus calcitrapa, etc.

www.ingramcontent.com/pod-product-compliance
Lightning Source LLC
LaVergne TN
LVHW020404230826
846091LV00003B/1147

* 9 7 8 2 0 1 2 8 6 3 2 8 6 *